# Gilets jaunes,
# un signe de notre temps

## DU MEME AUTEUR

Essais

***La parole et le lieu, topique de l'inspiration***, essai, Minuit, 1998.
***L'homme lyrique***, essai, HD, 2017.
***Voix de la Terre***, essai, Améditions, 2017.
***Voix russe***, essai, Améditions, 2017.

***La séparation des familles***, essai, Cerf, 2003.
***L'Etat et les liens familiaux***, essai, Cerf, 2004.
***Pour une éthique parentale***, essai, Cerf, 2005.
***Pour une réforme de la justice familiale***, essai, Cerf, 2010.

***Présence au Puy de Simone Weil,*** *PPP,* 2009.
***Malrevers, méditations géographiques***, essai, Améditions, 2012.

Fictions

***L'écriture des pins***, roman, L'Escampette, 2005.
***Vabero***, roman, Roure, 2009.
***Contes à marcher, de Meygal et d'Emblavez***, contes, Améditions 2010.

Poèmes

***Au vif du lieu***, poèmes, Accent tonique, 2014.

Jean-Marc Ghitti

# Gilets jaunes, un signe de notre temps

ÂMEditions

Améditions, 2019
ISBN : 9781795805247

En novembre 2018, nous avons vu, sortir d'un peu partout, tombés d'on ne sait trop où, des gens portant un gilet jaune fluorescent : c'est ce que les historiens appelleront le mouvement des gilets jaunes.

Chez nous, en Haute-Loire, nous nous sommes même sentis portés au devant de l'actualité, ce qui est pour le moins inhabituel et inattendu. En effet, des gilets jaunes se sont installés sur de nombreux ronds-points. La majorité des automobilistes, très tôt, ont mis un gilet jaune derrière leur pare-brise. Le 17 novembre 2018, Laurent Wauquiez, président de région et président de parti, vient au Puy soutenir le mouvement naissant. Le 1 décembre 2018, le feu a été mis dans plusieurs pièces de la préfecture du Puy, suscitant l'indignation générale d'une petite ville tranquille de province, surtout connue pour son patrimoine historique exceptionnel. Le 4 décembre, nous avons eu une visite du président de la république, Emmanuel Macron, des plus étranges, des plus incroyables qui puissent s'imaginer. Une visite improvisée, presque secrète, et pourtant très houleuse, où le président a été insulté par quelques-uns et amené à partir précipitamment. En janvier 2019, une maire de Haute-Loire, sympathique mais très engagée dans le parti présidentiel, s'est trouvée victime de tags et d'une visite hostile à son domicile. Une visite ministérielle s'en est suivie sur les lieux. Nous avons ainsi pu mesurer, non sans étonnement, combien ce mouvement des Gilets jaunes trouvait ses centres de gravité dans des territoires périphériques. Ses épicentres multiples étaient dans les campagnes, sur des territoires tout à fait inhabituels à l'histoire politique et sociale de la France. Une décentralisation des mouvements de contestation ?

En tout cas, nous nous sommes sentis concernés, et presque convoqués, par un événement qui faisait soudain entrer dans la visibilité ce qu'il en est aujourd'hui de la vie ici, au milieu des vieux volcans du Velay. Nous nous sommes sentis rejoints par l'Histoire.

## MOUVEMENT ET EVENEMENT

L'Histoire : elle nous envoie des signes, des signes du temps. Elle nous envoie des signifiants qui viennent peut-être d'au-delà d'elle. Le gilet jaune est un signifiant magnifique, qui se signifie lui-même dans sa visibilité lumineuse de signifiant. L'Histoire est comme la maladie qui se manifeste par des symptômes, sans pour autant livrer le secret de sa cause. L'Histoire s'adresse à nous à travers la société, comme la maladie passe par le corps. Elle produit des mouvements sociaux.

Qu'est-ce qu'un mouvement social ? Sans doute, est-ce ce moment où une société bouge. Mais savons-nous bien ce qu'est une société et pourquoi elle se met à bouger, alors qu'elle peut demeurer si longtemps calme, inerte, conservatrice ?

Après plus d'un siècle de recherches sociologiques, les sociétés demeurent assez imprévisibles, et presque incompréhensibles. Tous ces gens qui sont forcés de coexister les uns avec les autres, depuis leur naissance jusqu'à leur mort, et qui sont contraints de se supporter, heureux parfois de s'entendre et affligés souvent de devoir se combattre, ils produisent ensemble une vie que nul ne semble pouvoir orienter, diriger. Les autres nous prennent en permanence au sein de la vie collective, sans que nous ayons moyen de nous en sortir tout à fait. Il ne faut attendre de la société aucun comportement clair, sensé. Elle est ce qu'on appelle, depuis Platon, un "gros animal"[1]. Et cet animal est sauvage. Il est traversé par des mouvements imprévisibles autant que dangereux. A y penser, nous sommes souvent pris d'angoisse. Les sages savent, depuis longtemps, qu'il faut se méfier de la société, qu'il vaut mieux se tenir à l'écart : laisser faire et voir.

---

1 “Suppose un animal gros et fort; celui qui le soigne apprend à connaître ses colères et ses désirs, comment il faut l'approcher, par où il faut le toucher, à quels moments et par quelles causes il devient irritable ou doux, quels cris il a coutume de pousser quand il est dans telle ou telle humeur, quelles paroles sont susceptibles de l'apaiser et de l'irriter”, PLATON, La *République,* 493 a-d.

Car, lorsqu'elle bouge, la société peut être violente. Elle détruit, parfois, ce qu'elle a mis longtemps à accumuler. A quelle loi obéit, au juste, ce besoin de destruction qu'on trouve dans toutes les sociétés et qui étonne tellement l'homme raisonnable qui compte et accumule ? Il y a des périodes où les lois juridiques, plus ou moins voulues ou approuvées par l'humanité rationnelle, cessent d'avoir prise sur les comportements et s'imposent alors, par en-dessous, des lois extrêmement contraignantes, des lois ignorées, qui soumettent les hommes à la violence sociale dont ils sont à la fois les agents et les victimes. Nous savons bien que la violence est déjà là, dans l'ordre social qui est un ensemble de contraintes. Mais la violence établie est invisible. Quant au crime, qui est irréductible, il ne met pas en péril la société. Aussi, quand surgit la violence visible, celle de la révolte et celle de la répression qui lui fait face, nous nous souvenons tout à coup comme la paix civile est fragile, combien la garder est un art qui exige beaucoup de prudence.

A partir des Gilets jaunes, on peut relire l'histoire politique récente. Ce qui nous avait tellement impatienté sous les précédents quinquennats, nous l'avions pris pour de la paresse, de l'inaction : nous pouvons maintenant, après-coup, le considérer comme de la prudence. Même un président jeune et d'énergie désordonnée comme Nicolas Sarkozy avait su s'en tenir aux formules sans trop bousculer la société. Quant à la vieille politique, à l'opposition paralysante de la vieille droite et de la vieille gauche, comme elle nous avait exaspérée ! L'inertie des clivages, l'écart entre les propos de campagne et l'action des gouvernements, les hypocrisies : oui, nous avons voulu dégager tout cela ! Mais, aujourd'hui, nous pouvons mesurer combien, si vieillotte soit-elle, c'était encore de la politique, c'est-à-dire un art de la prudence pour sauver la paix civile.

Et voilà qu'arrive un président qui n'est pas un homme politique, qui n'aime pas la politique et qui ne comprend rien à la politique : il a la naïveté de croire qu'il a été élu pour appliquer son programme ! Un programme électoral inventé en quelques mois par une équipe de campagne, une liste de mesures ! Et voilà qu'il n'a plus qu'un souci, une fois élu : faire passer coûte que coûte ses mesures dans la réalité sociale. Il s'imagine qu'une élection mandate l'élu pour appliquer un programme électoral. Il ne se pose jamais la question de son assiette électorale : du nombre des abstentions, des votes par défaut, de la non-représentativité de l'Assemblée nationale. Non, il fonce et il force dans ce qu'il appelle ses réformes. Et elles sont effectivement les siennes, car dans une pareille élection, les gens votent pour un homme, et non pas pour chacune des mesures qu'il propose. Il n'associe personne, en dehors de son propre camp, à sa politique précipitée. Jamais il n'a l'idée qu'une fois élu, on devient le président de tous les Français, comme l'avaient fait ses prédécesseurs ! Il pense que la discussion est passée, dépassée, qu'elle a déjà eu lieu, qu'elle a été tranchée. Il se fait de la démocratie une conception si fausse, si perverse, qu'elle lui semble permettre d'exclure la discussion entre deux élections, et d'exclure même l'exposition claire de ce que l'on fait : il lance des réformes en laissant dans le flou et même en gardant dans le secret les tenants et les aboutissants. Il croit que la diversion est une technique de communication imparable et que, grâce à elle, on peut faire passer beaucoup de choses, presque en douce. Et voilà alors qu'on s'aperçoit que l'ivresse orgueilleuse d'une personnalité narcissique, son incompréhension de la politique et son volontarisme programmatique aboutissent à mettre en danger la paix civile. Gilets jaunes : "ça couvait avant moi", dit-il, sans voir qu'il y a une grande différence entre un danger qui couve et un danger qui éclate. Nous, nous comprenons bien, après-coup, que la vieille politique était au moins une prudence, à défaut d'être très brillante, et que sa fausse efficacité à lui relève de la témérité, de l'arrogance et de l'inconscience.

Voilà, nous nous en rendons compte à présent. Nous : c'est-à-dire tous ces gens qui se sont reconnus dans le mouvement des Gilets jaunes. Au-delà des appartenances politiques, presque 80% de la population à certains moments. Nous : c'est-à-dire ce mouvement de rejet, et il faut bien l'avouer de haine très partagée contre un président. La haine, certes, est un mauvais sentiment, et c'est certainement injuste pour la personne sur qui elle porte. Mais, dans des institutions qui exposent autant un seul homme (et nous verrons que ce n'est pas du tout une bonne chose qu'un seul soit autant mis en avant), un président n'est plus un homme comme les autres. Comme le dit très bien Maurice Merleau-Ponty des chefs, "tout homme qui accepte de *jouer un rôle* porte autour de soi un "grand fantôme" dans lequel il est désormais caché, et qu'il est responsable de son personnage même s'il n'y reconnaît pas ce qu'il voudrait être. Le politique n'est jamais aux yeux d'autrui ce qu'il est à ses propres yeux (...). Acceptant, avec un rôle politique, une chance de gloire, il accepte aussi un risque d'infamie, l'une et l'autre l'imméritées"[2].

Seulement soyons modestes : qui aurait pu prévoir l'événement avant qu'il ait eu lieu ? Après , il y en a beaucoup qui pensent qu'ils avaient prévu : mais c'est un effet rétrospectif bien décrit par Bergson[3]. Un événement dévoile ses causes après avoir eu lieu. Un mouvement social nous atteint d'abord comme un événement imprévisible. L'histoire retient, enregistre ces événements parce qu'ils constituent

2 MERLEAU-PONTY, *Humanisme et terreur,* p.61,62

3 "la réalité projette derrière elle son ombre dans la passé indéfiniment lointain; elle paraît avoir ainsi avoir préexisté, sous forme de possible, à sa propre réalisation. De là une erreur qui vicie notre conception du passé; de là notre prétention d'anticiper en toute occasion l'avenir". BERGSON, *La pensée et le mouvant p.15*

des ruptures qui obligent la société à se réorganiser : guerres, invasions, révolutions, renversements, etc. Un événement produit toujours un effet de surprise. Nous n'aimons pas ce qui bouleverse. Nous sommes attachés à l'ordre social tel que nous l'avons découvert dans notre enfance. Nous le voudrions immuable. Nous nous sommes formés dans un système de repères, que nous avons intériorisés. Lorsqu'un écart se creuse entre la représentation de la société intériorisée dans notre enfance et les évolutions sociales, nous nous trouvons angoissés : nous résistons. Cette résistance nous rend conservateurs. Tout le monde porte un conservateur en soi. Nous n'aimons pas changer. Pourtant, la société bouge : pour notre système fermé d'habitudes, chaque mouvement fait événement. L'événement est ce qu'on n'attendait pas. Il est même tellement hors de nos perspectives, de nos anticipations, que nous le pensions impossible. "L'événement n'est pas de l'ordre des possibles", écrit Henri Maldiney. Cependant il est là. Un possible inattendu sort du champ de l'impossible[4].

---

4 "L'événement n'est pas de l'ordre des possibles. Au regard de tout système *a priori* de possibles, il est, il est précisément...l'impossible. Le

Le monde bouge, et il nous faut déjà un certain temps pour y croire parce que, pour le concevoir, nous devons bouger avec lui. Devant l'événement, il arrive qu'on nie l'évidence. La société semble sortir de la compréhension que nous pensions en avoir. Elle redevient alors pour nous une énigme. L'événement est ce qui ne se comprend pas. Du moins, ce qui ne peut pas se ranger dans les catégories actuelles de notre pensée. Il faudra du temps pour réorganiser notre pensée, pour l'élargir jusqu'à pouvoir accueillir l'événement. Ce temps qu'il faut est très variable selon les personnes. Certains ne parviennent jamais à remodeler leur pensée; d'autres, à l'inverse, y parviennent plutôt vite. Mais un temps s'ouvre, plus ou moins long, où nous sommes plongés dans un événement que nous ne comprenons pas. Avec le mouvement des Gilets jaunes, c'est bien à ce stade que nous en sommes : au beau milieu.

---

réel est toujours ce qu'on attendait pas et qu'il n'y a pas lieu d'attendre", MALDINEY, *Penser l'homme et la folie*, p.143

# LUTTE DES RECITS

Le mouvement des Gilets jaunes est en cours. Nous sommes dans ce temps où nous ne pouvons pas encore en avoir une représentation claire. Et pourtant, nous cherchons déjà à lui donner un sens. Pour donner du sens à ce qui bouge dans la société, nous avons besoin de raconter. L'événement, on le regarde bouche bée. Il nous remplit d'une stupeur silencieuse où l'on n'ose risquer une parole. Celle-ci revient sous la forme du récit. Il y a loin du récit à la compréhension. Raconter, ce n'est pas expliquer. C'est plutôt recouvrir. Le récit a une fonction de défense contre la nouveauté de ce qui se présente. Car le récit est déjà tout fait, tout prêt. Il est antérieur à l'événement sur lequel on se contente de l'appliquer. Jean-François Lyotard a mis en lumière quelques grands récits issus, comme des produits dégradés, des grandes philosophies de l'histoire du dix-neuvième siècle[5]. Les récits politiques puisent aux mêmes sources fabulatrices que les récits mythologiques. Ils convoquent les mêmes schèmes narratifs. Ils se contentent d'intégrer quelques éléments historiques qui puissent les légitimer, les rendre convaincants. Mais pas trop, pas au risque de troubler leur trame narrative. Ils évitent soigneusement les événements contradictoires, ils sélectionnent. Le plus prégnant est le récit d'émancipation, inspiré du marxisme. Celui-ci n'est qu'une version du récit progressiste déjà illustré dans le positivisme. Dans le récit d'émancipation, le progrès est la libération d'une classe ou d'une catégorie. Dans le marxisme, c'est l'émancipation du prolétariat. Ce récit-là, Lyotard a montré comme il était entré en déclin. La complexification de la société, la mutation du travail industriel ne lui permet plus de trouver des réalités visibles qui puissent lui donner des références. En revanche, il n'a pas disparu sans reste. Il a laissé derrière lui des récits d'émancipation dégradés, qui sont en quelque sorte ses avatars. Le féminisme promeut le grand récit de la libération

5 LYOTARD, *La condition postmoderne.*

des femmes à l'égard du pouvoir patriarcal. Les minorités sexuelles portent leur propre récit d'émancipation. A côté du récit progressiste, on a vu récemment revenir sur le devant de la scène le récit apocalyptique. L'idée de la fin du monde, si souvent illustrée par la littérature visionnaire du judaïsme ancien, a été remise au goût du jour par les écologistes. Ce n'est pas un hasard si l'une des sources de ce récit néo-apocalyptique de la planète en danger et du dérèglement climatique est le philosophe israélien Hans Jonas. On voit bien que, contrairement à ce que pensait Lyotard, on n'est pas sorti des grands récits.

Mais à côté de ces grands récits mondiaux, il y en a quelques-uns plus propres à notre histoire nationale. Ce sont ceux-là qui ont été convoqués pour ne pas voir l'événement des Gilets jaunes. On peut facilement en repérer au moins trois. Ce mouvement a été raconté, par certains, comme une tentative de renversement de la démocratie. Par d'autres, comme un processus de révolution citoyenne. Enfin, par d'autres encore comme la décadence d'un régime affaibli. Un récit politique consiste à ramener un événement à ce qui s'est déjà produit. Il ne trouve pas sa source dans le présent, mais dans le passé. Il se construit à partir de références historiques qui servent de grilles de lecture. On va chercher des schèmes narratifs dans des livres d'histoire et on les plaque, avec plus ou moins de bonheur, à la situation présente. Ce sont ces schèmes d'interprétation qui servent de critère dans la sélection des faits significatifs, dans leur hiérarchisation. Devant les gilets jaunes, certains sont allés chercher leur grille de lecture dans les années trente, dans la montée des fascismes, les attaques contre la République. D'autres ont mis en route un récit révolutionnaire en référence aux événements de 1789. Et d'autres encore ont cherché leur référence dans l'épuisement de la quatrième République et le retour d'une homme providentiel.

Ces récits entrent en conflit les uns avec les autres et ils permettent à des camps de se constituer. Le jeu politique devient alors l'expression d'un conflit d'interprétation de l'événement en cours. Les partis sont les différentes réponses apportées à une question simple : que se passe-t-il ? Le pluralisme politique se construit sur le pluralisme narratif.

Comme la narration de l'actualité est au coeur de la constitution partisane, la question de la presse devient brûlante. Informer, en effet, n'est-ce pas raconter ? Et dès lors qu'on raconte, on prend parti. Il y a évidemment le risque de voir un récit favorisé par les journalistes et devenir, en somme, le récit officiel. Ce risque est accru par plusieurs facteurs.

D'abord, parce que les rédactions s'imitent les unes les autres. Ou du moins cherchent-elles à s'harmoniser pour produire un effet de réel. Il faut bien considérer qu'en temps ordinaire la presse cherche d'abord à sauver une illusion qui la fonde : faire croire que ce qui est raconté, c'est la réalité. C'est pourquoi l'on parle de système médiatique : chaque organe de presse s'intègre à une sorte de consensus sur ce qui fait le contenu historique du présent, ce qui fait sens pour la collectivité, ce qui constitue les enjeux importants du moment. Tous les médias du système, par une sorte de contrat tacite préalable, visent à produire de la réalité, quels que soient les commentaires que, dans un deuxième temps, ils voudront bien en faire. Le système médiatique est réalisant, c'est-à-dire producteur de la réalité collective. Cette illusion fonctionne assez bien en temps normal mais risque d'être déchirée en temps de crise. Aussi, la première réaction professionnelle des journalistes sera une réaction visant à sauver l'illusion qui fonde la profession : harmoniser les récits, même s'ils sont contradictoires. Ne pas le faire, chacun le sent bien, serait source d'angoisse collective : si nous ne savons plus ce que nous avons en commun, si vacille la réalité que nous avons en partage, comment pourrions-nous encore échanger et agir ? Pour que cette angoisse ne l'emporte pas, il faut harmoniser les récits et, si ceux-ci sont contradictoires, il faudra le faire à l'avantage de l'un d'eux, qui tendra alors à devenir le récit officiel.

Se met alors en place une lutte narrative qui tient moins à la validité historique du récit qu'à la force économique des organes qui les portent. Deux types d'organe de presse prennent alors le pas : ceux qui sont subventionnés par l'Etat et ceux qui sont aux mains de grands propriétaires fortunés. En général, les deux s'accordent, ayant un objectif commun : éviter autant que possible les désordres sociaux, les uns pour sauver les affaires, les autres pour sauver le régime. C'est donc à partir du récit porté par le pouvoir en place que l'événement sera présenté au grand nombre. En dehors de la masse, les minorités cultivées auront accès à d'autres organes de presse, parfois créés par la circonstance. Reste alors à savoir comment ces organes dissidents peuvent être financés ? Par des puissances étrangères ? Par d'autres moyens ?

C'est ainsi qu'on a vu, dans la crise des Gilets jaunes, un récit officiel se mettre en avant et être repris par le système médiatique : celui de bandes violentes, de groupes de casseurs cherchant à mettre en danger la République. Il en est résulté une mise en images conforme à ce récit-là, une sélection des faits, une série de commentaires. C'est pourquoi les journalistes sont devenus une cible : certains agents actifs du mouvement social, porteurs d'un autre récit, ont ressenti qu'ils étaient pris dans le récit de l'Autre. Ils ont obscurément compris qu'ils étaient, dans le sens fort, victimes d'une aliénation narrative. Se dépensant sans compter et prenant des risques pour leur corps et leur liberté, exaltés eux-mêmes par le récit de leur propre sacrifice et de leur propre héroïsme, ils ont constaté avec colère que leur action était présentée selon le récit de l'Autre, qui ne pouvait voir en eux que des fauteurs de troubles. L'aliénation narrative est sans doute l'une des plus cruelles qui soit, bien illustrée par Don Quichotte qui se croit engagé dans des prouesses chevaleresques alors que le récit ironique de l'Autre n'y voit que l'expression de sa folie.

En défense contre l'aliénation narrative, on a vu, au coeur de la crise des Gilets jaunes, surgir des médias hors système : d'autres sites, d'autres journaux, d'autres chaînes, ayant pour fonction de faire exister un autre récit de l'événement et de produire, par là même, une autre réalité. Les résistances qui ont été opposées à ces initiatives, les critiques faites contre RT France par exemple, ont démontré que, du côté officiel de l'Etat, on n'acceptait pas clairement le pluralisme. Une tendance à le réduire en temps de crise, à le combattre est parue au grand jour. On a pu soulever légitimement la question de l'intrusion étrangère à travers certains médias alternatifs. A un autre niveau, on a pu observer l'effet de trouble produit par les contre-récits, ceux qui ne s'inscrivent pas dans le consensus du système médiatique. Jusqu'à quel point pouvons-nous accepter sans angoisse que la réalité n'existe pas, qu'elle n'est que le produit de nos récits, que nous pouvons la faire varier à loisir selon nos stratégies narratives ? Que la réalité, en somme, n'est qu'un effet de pouvoir. Angoisse de ce pouvoir qui mesure que l'illusion sur laquelle il repose est ébruitée et risque de se déchirer ; angoisse des sujets qui mesurent jusqu'à quel point ils sont aliénés, avec les effets d'humiliation qui s'en suivent.

Dans cette lutte narrative, où une nation ressasse ces mythes fondateurs et constate l'éclatement du récit national, trouve-t-on suffisamment d'analystes prompts à discerner ce que l'événement porte de neuf et d'impossible à réduire aux références historiques ? Deux phénomènes très neufs sautent aux yeux, deux parmi d'autres qui pourront se discerner plus tard : l'importance des routes et des voitures d'une part, et, d'autre part, l'importance des réseau sociaux. Routes des campagnes et routes de la libre communication.

Aujourd'hui, toutes les distances dans un pays comme le nôtre, hors métropoles, se calculent non pas en kilomètres mais en temps qu'il faut pour les parcourir en voiture. Les habitants ont organisé leur vie, leur réseau de relations, en fonction de la voiture. C'est grâce à celle-ci, notamment, que des villages ont été repeuplés, que des communes ont bénéficié d'une croissance démographique. Remettre en cause les temps et les coûts de transport par automobile touche à la structure spatiale des existences.

Mais il y a plus. L'automobiliste n'est pas un travailleur obligé de prendre sa voiture pour aller travailler, comme un discours misérabiliste a essayé de le faire croire dans la presse. La voiture reste un instrument de liberté et de désir. Devenue un second corps, l'habitacle de l'intimité en mouvement, elle est bien plus qu'utilitaire. C'est le véhicule de l'homme qui part en quête de ce qui lui manque, de l'obscur objet de son désir. Elle le relie aux lieux de ses consommations, de ses loisirs, de ses objets affectifs. Les vies ne sont plus organisées autour du foyer, parce qu'il y a beaucoup de solitude, beaucoup de célibat, beaucoup d'éclatements familiaux. La suppression des permis de conduire, par exemple, est souvent un drame. Le mouvement des Gilets jaunes a investi les ronds-points, s'est élevé contre l'augmentation du carburant, a détruit les radars : il a été une revendication pour que le libre usage de l'automobile soit facilité et non pas entravé.

Que la circulation automobile pose des problèmes de sécurité, voire de pollution (moins que les camions et les avions), nul ne peut le nier. Mais faut-il, pour autant, faire des routes des lieux de surveillance électronique quasi permanente ? Quel équilibre trouver entre sécurité et liberté ? Jusqu'où peut-on soumettre une population à la vidéo-surveillance ? Ces questions ont été posées.

Mais une autre l'a été aussi. La multiplication des radars de contrôle repose sur une ambiguïté qui manque d'honnêteté. D'un côté, ils permettent de sanctionner des infractions ; d'un autre, ils permettent à l'Etat de collecter des fonds conséquents, une sorte de complément à l'impôt. Or les deux ne peuvent pas aller ensemble. La sanction, qui relève du pénal, de la défense de la loi, ne peut pas rapporter de l'argent à celui qui sanctionne. Sanctionner ne peut pas être un acte intéressé, un acte lucratif, et encore moins délégué à des sociétés qui en feraient des bénéfices. On ne doit pas pouvoir suspecter la police de chercher à enrichir l'Etat. Les peines d'amendes ne peuvent pas être une forme déguisée d'imposition supplémentaire. Or les radars représentent cela : une loi en quelque sorte perverse où ceux qui prétendent la défendre l'affectent, par leur ruse et leur calcul intéressé, d'un coefficient de malhonnêteté. N'y a-t-il pas une sorte de conflit entre la finalité, qui est de faire respecter une loi sur la vitesse, et les moyens employés, qui sont, eux, marqués au sceau d'un calcul suspect ? Nombreux sont les automobilistes qui ont pensé que la multiplication des radars visait moins à sécuriser les routes qu'à rapporter de l'argent à l'Etat. Sous la loi, il voyait de la taxation déguisée.

Les routes de la communication vont-elles, elles aussi, être soumises à la même surveillance policière et au même système de sanctions que les routes de la circulation automobile ? La question se pose dans la mesure où elles ont largement contribué à rendre possible le mouvement des Gilets jaunes. C'est là un autre aspect inédit de cet événement.

L'investissement des réseaux sociaux comme Facebook par la population renvoie à la même réalité sociale que l'usage de la voiture : la dispersion et la solitude des individus qui tentent de trouver des moyens pour se relier entre eux. On peut voir, sous ces deux phénomènes (importance de la voiture et développement des réseaux sociaux), le même principe générateur : l'atomisation individualiste de la société.

FB est un spectacle très instructif. Chacun y est enfermé dans sa bulle : son post. Souvent, le membre ne s'intéresse pas trop à ce que postent les autres : il fait passer sa propre information et attend que les autres s'intéressent à lui, réagissent d'une manière ou d'une autre. FB a, pour une part, une fonction auto-publicitaire : on y annonce son spectacle, un livre qui vient de sortir, on invite les lecteurs à telle ou telle manifestation. C'est la projection technique, sur l'écran, de l'individualisme moderne : ça se côtoie, ça se succède, ça se pousse, ça se chasse mutuellement, et ça ne se croise que très peu. C'est un peu la logique du pousse-toi-de-là-que-je-m'y-mette. Avec cet usage de FB, c'est la fonction du narcissisme qui se montre à l'oeuvre.

Mais, comme le moi se définit aussi par ses opinions, ses idées, les causes qu'il défend, on y voit beaucoup de "belles causes".La représentation de soi sur l'écran passe par l'idéalisation : c'est l'idéal du moi qui se porte sur l'écran. La belle cause, la belle forme (comme disant Lacan), la belle âme (comme disait Hegel). Ceux dont l'idéal du moi se rapproche s'organisent alors en groupes d'affinité. Le réseau social est plutôt un réseau amical, à l'inverse de la société réelle qui nous confronte toujours à la différence. Dans ce fonctionnement en cercles, c'est la tolérance qui n'est plus cultivée et qui risque de décliner.

Mais là où l'usage de FB franchit un certain seuil qui en change la fonction, c'est lorsque l'écran s'articule à la rue. La fonction première de l'écran, certes, est de captiver et de capturer. Il s'agit de détourner les hommes de leur vie physique pour les enfermer dans une vie numérique. C'est un projet de numérisation de l'existence. L'outil, alors, cesse d'être un outil : il devient le monde. Le monde virtuel. Par une sorte d'immaturité technologique et de processus inachevé, la technique répond à son vieux rêve de remplacer la politique.

Or il arrive, par un tour supplémentaire, que l'écran retrouve sa place d'outil médiatique : il renvoie à la véritable politique, celle qui fait l'Histoire, en s'articulant à la rue, à la place publique, où le monde physique, où les corps se rencontrent. Et où l'on ne rencontre pas que des amis. La violence serait-elle devenue, pour certains, l'épiphanie de la rencontre avec le monde des autres, ceux que je ne peux intégrer à mon cercle ?

Dans le mouvement social, une sorte de fièvre a traversé le monde virtuel. Une dynamique de retour au réel. L'écran a servi a lancé des appels pour que les gens se retrouvent dans la rue et que se reforment des foules. Mais des foules de revendication.

Dans le même temps, nombreux étaient ceux qui poursuivaient leur usage individualiste de l'outil. Ce n'est pas sans un certain trouble qu'on a pu alors comprendre que quand bien même le monde serait à feu et à sang, ça n'empêcherait pas les musiciens d'annoncer leur prochain concert, les peintres de montrer leurs dernières toiles, les écrivains de signaler la sortie de leur nouveau livre ou encore les comédiens d'inviter à leur spectacle. Quel est ce trouble, cette vertige peut-être, à voir chaque personne enfermée dans son propre projet en ignorant tout de la coexistence ?

Et alors, une révélation peu à peu se fait jour : tout ce que les gilets jaunes peuvent reprocher au chef politique qu'ils contestent, à savoir ne pas écouter, ne pas réagir, ne pas vouloir changer de cap, comme ils disent, ce n'est que la projection sur lui de ce que le peuple des individus collés aux écrans ne parvient pas à voir en chacun de nous ! Il est bien leur chef parce qu'il leur ressemble : un individu qui, au sommet de l'Etat, poursuit son projet personnel, applique son programme, entouré de ses amis.

Pour les quelques-uns que nous sommes à nous intéresser à l'histoire de la philosophie, cela n'est pas sans évoquer ce qu'on appelle, dans la philosophie de Heidegger, le tournant. Avant la guerre, Heidegger pense l'existence comme projet, qu'elle soit l'existence des personnes ou celle des peuples. Après la catastrophe, il corrige radicalement cette idée qu'une existence se définisse par ses projets : il en vient à définir la pensée, qui est la plus haute manière d'exister, comme écoute, attente, ouverture à ce qui se présente. Entre temps, il a compris que définir l'existence seulement comme un projet à mettre en oeuvre, un projet personnel ou un projet politique, avait conduit au fascisme et à la guerre. Là où l'on ne met pas la compréhension du monde au-dessus du projet, le risque est grand.

Eh bien l'individualisme du début du vingt et unième siècle, tel qu'on le voit dans les réseaux sociaux et dans un certain style politique, est une terrible régression à une philosophie du projet personnel, avec les virtualités fascistes qu'on ne sait pas le plus souvent y reconnaître mais que l'Histoire fera paraître en son temps et à son heure.

L'enracinement de toute existence dans les autres, l'être-en-l'Autre reste notre impensé : Heidegger, Lévinas, Lacan, etc. Souvent, dans l'histoire des hommes, tout est déjà là, est déjà dit, mais rien n'est vu, rien n'est entendu, en raison peut-être de cet aveuglement qu'il y a dans tout regard et de cette surdité qu'il y a dans toute écoute.

La fièvre d'un mouvement social, est-ce que ça ne sert pas principalement à réintroduire du communautaire dans l'individualisme ? A se rendre vers l'autre, à se rendre à l'autre ? Est-ce là le signe que les Gilets jaunes nous envoient, au-delà de tous les récits de circonstance qu'on peut faire de l'événement ? Ce signe, n'avons-nous pas à l'accueillir, à le faire parler ?

Tout à l'inverse, on a vu, assez vite, contre le mouvement des Gilets jaunes, se mettre en place des défenses qui consistaient à dire : que chacun retourne à son travail, à ses loisirs, à ses affaires privées. On l'a surtout vu dans les médias qui, à un certain moment, alors que le mouvement est loin d'être passé et épuisé, ont tenté de faire grossir dans leur temps d'antenne l'actualité sportive et météorologique qui sont les deux moyens habituels et éprouvés de faire diversion par rapport aux problèmes de politique intérieure susceptibles d'introduire du désordre. Que chacun enfin retrouve son égoïsme régulateur et sa position de spectateur du monde dans la grande société du spectacle[6] : telle a été la ligne de défense du système en place. Ceux qui l'ont ressenti y ont trouvé la confirmation de ce qu'ils savaient sans doute déjà : le mouvement de dépolitisation des masses, qui est un des vecteurs les plus importants de l'histoire récente, s'appuie sur l'intensification des vies privées, par la libération de la sexualité, par la multiplication des loisirs, par l'investissement du sens de la lutte dans le sport, par la dramatisation conflictuelle des relations familiales, etc. Voilà les affaires privées sur quoi l'organisation d'un régime comme le nôtre compte pour fragmenter toute vie communautaire, pour désarmorcer tout mouvement social.

---

6 DEBORD a bien montré que la société du spectacle produit de l'isolement et ce qu'il nomme des “foules solitaires” : “De l'automobile à la télévision, tous les biens sélectionnés par le système spectaculaire sont aussi des armes pour le renforcement constant des conditions d'isolement des foules solitaires”. *La société du spectacle*, p.30

Face à cela, le mouvement des Gilets jaunes apparaît dans toute son ambiguïté constitutive. Il s'est voulu un remède pour cristalliser à nouveau de la vie collective, rendre à celle-ci de la consistance et de l'intérêt, refaire de la fraternité. Mais, bien sûr, en courant le risque de se faire vecteur d'un mal : celui de porter le devenir fasciste de l'individualisme. Antique ambiguïté du *pharmakos !* C'est toujours au risque du pire qu'on peut essayer un remède.

## LES PULSIONS SUBPOLITIQUES

Le mouvement des Gilets jaunes envoie un signe, un signe de notre temps : la société bouge à nouveau. C'est sans doute un événement, qui exige que nous le pensions autrement, et qu'on ne peut pas réduire à des récits pris au passé, même complétés par l'analyse des éléments nouveaux que sont l'enjeu politique des routes et des réseaux sociaux. Nous ne pouvons espérer, par ces récits en conflit, et par le jeu des tensions médiatiques qui en découlent, faire bon accueil au signe lancé à notre écoute et à notre interprétation. Le gros animal social ne parlera pas de lui-même. Il est traversé par une vie dont la conscience ne lui vient pas, ni la parole qui en découle. A chacun d'y penser, d'y réfléchir.

L'apparence irrationnelle des sociétés obéit peut-être à des lois d'un autre ordre. Nous n'allons pas réinventer la psycho-sociologie : elle existe et elle doit être convoquée pour éclaircir des situations qui semblent relever de son domaine, comme les réunions de rue assez chaotiques des Gilets jaunes qu'il faut bien appeler des phénomènes de foule. En science, on trouve souvent, en remontant aux fondateurs, une clarté qui se perd ensuite chez les continuateurs. Lorsque le docteur Freud se met à lire *La psychologie des foules* (1895) de son confrère français le docteur Le Bon et qu'il fait à celui-ci l'honneur (sans lequel Le Bon serait oublié) de s'y référer abondamment dans son livre *Psychologie des foules et analyses du moi* (1921), on assiste (dans la miraculeuse collaboration scientifique de deux médecins savants et distanciés dont les nations venaient de se déchirer) à la naissance d'une discipline qui peut encore nous éclairer sur notre actualité. Car comment ne pas voir que les Gilets jaunes sont l'expression symptomatique d'un inconscient collectif dont ne savent rien ni eux, ni ceux qui les critiquent ?

L'inconscient n'est pas caché : il parle, et parfois très clairement. Mais quand il parle, nous ne l'entendons pas. Au moment de l'affaire Benalla, Emmanuel Macron a lancé un mot d'ordre qui a mis la foule en mouvement; il a lui-même prononcé contre lui-même une malédiction, un anathème. Extraordinaire puissance des paroles lorsqu'elles viennent d'un chef. On a beau gloser tant qu'on veut sur les principes et les revendications, il faut se souvenir que les foules obéissent surtout aux lois de l'inconscient collectif[7]. L'*hybris* produit une sorte d'aveuglement (l'*atè* des Grecs), et l'aveuglement permet l'expression du désir inconscient ("qu'ils viennent me chercher"). Quand l'inconscient a parlé, on le refoule, on le recouvre. Si ce président insiste tant sur sa légitimité, c'est justement parce qu'il est le premier à ne pas y croire et à s'étonner de se retrouver là ("qu'ils viennent me chercher"). Seulement, la cinquième République donne des pouvoirs si exorbitants au président que ce qui se noue entre l'inconscient

7 A l'ENA et dans les Ecoles de journalistes apprend-on un peu la psychologie des foules ? On dirait que la classe politique d'aujourd'hui ignore beaucoup cet aspect-là des choses. Pourtant, des hommes politiques d'autrefois, très divers, s'intéressaient de près au livre de Le Bon et à la psychologie des foules : Mussolini, Roosvelt, Chrurchill, De Gaulle. C'est peut-être pour cela qu'ils comprenaient si bien la politique...

d'un homme et l'inconscient collectif produit des effets dangereux pour tout un pays.

Peut-être que nul n'a osé, sur le moment, prendre au mot l'ordre du chef : "qu'ils viennent me chercher". Et pourtant, quelques temps après, il y a, les samedis, des foules qui se rassemblent à Paris et veulent se diriger sur le palais présidentiel. Or, ce qui frappe tous les observateurs de ces foules de Gilets jaunes, c'est qu'elles ne sont pas organisées, elles n'ont pas de meneur. Pour qui a lu Freud, c'est assez étonnant puisqu'il définit la foule comme un rassemblement derrière un chef. Pour lui, la foule est traversée par l'amour du chef : celui-ci la tient sous un pouvoir quasi hypnotique. La théorie de Freud consiste, en effet, à superposer trois phénomènes qui pour lui n'en font qu'un : l'hypnose comme phénomène thérapeutique, l'amour comme phénomène affectif et l'obeissance comme phénomène politique. Cette théorie est parfaitement illustrée par les foules fascistes autour du chef charismatique, mais aussi par des manifestations religieuses (JMJ par exemple) ou encore par n'importe quel meeting politique, durant une campagne présidentielle. Le phénomène n'a rien à voir avec le contenu du message transmis et il ne faut pas l'apprécier en fonction de ce contenu. Mais alors, la foule jaune ferait-elle exception ? Où est le chef ? Pour nous, il y a un risque théorique, s'il n'y a pas de chef : celui d'invalider la théorie freudienne.

Pourtant, regardons mieux : le chef est bien là. Il est là et la foule le nomme : "Macron démission". Elle le nomme, oui, mais comme une cible à attaquer. Elle le désigne non par l'amour mais par la haine. Ce qui n'est, à vrai dire qu'un détail, car l'ambivalence des sentiments est un acquis devenu banal de la science freudienne. Les Gilets jaunes, c'est la foule qui se tient sous l'hypnose de Macron, qui l'aime en le haïssant. "Qu'ils viennent me chercher" : la foule jaune obéit à son chef en le contestant. Une telle thèse tient sa validité de ne sembler acceptable par personne. L'inconscient ne peut entrer dans l'ordre des représentations conscientes. Pour Macron, reconnaître les conséquences de sa fanfaronnade est quasi impossible. Quant aux Gilets jaunes, aucun ne voudra accepter de reconnaître que, sous la démission réclamée, se cache une forme d'obéissance. Les observateurs extérieurs, pour peu qu'ils se posent en démocrates, auront beau jeu de dénoncer en Freud un penseur réactionnaire qui ne pouvait imaginer une foule sans chef. Comme si Freud avait jamais confondu les mécanismes archaïques de l'inconscient, qui relèvent d'un niveau pulsionnel, avec, au niveau politique, les prescriptions que l'on peut faire sur les institutions souhaitables !

Qu'est-ce qui donne leur force aux mots d'ordre ? On a l'impression que parfois certaines formules ont une force quasi magique. D'ailleurs, de nombreuses cultures ont cru en ce pouvoir incompréhensible des vocables. Parler, ce n'est pas seulement nommer, décrire ou énoncer. Qu'est-ce qui, parfois, donne une valeur si impérative à certaines phrases qu'on ne peut faire autrement que d'y obéir ? Ca ne tient pas aux mots eux-mêmes mais à qui les prononce, au contexte, aux circonstances. Pour l'expliquer, Freud se réfère à l'hypnose. Celle-ci a d'abord été inventée pour faire dire, faire avouer. Mais elle permet également de faire faire. Elle est par excellence la technique de la manipulation, et c'est d'ailleurs pour cela que Freud refuse de s'en servir, au nom d'une certaine éthique que les politiciens et les publicitaires se garderont bien, par la suite, d'avoir[8]. Les mots prennent une valeur impérative lorsque celui qui les prononce en est venu à

8 Notamment son neveu BERNAYS qui applique les découvertes freudiennes à la propagande politique et à la publicité.

représenter l'idéal du moi de celui qui écoute, telle est la découverte de Freud. Or, une telle extériorisation de l'idéal du moi, si elle est bien au coeur de l'hypnose, existe aussi parfois dans d'autres formes de suggestions. Notamment, dans les phénomènes de secte ou les phénomènes de foule. C'est lorsque ce lien-là est établi que les mots du gourou ou du chef deviennent des mots d'ordre puissants.

La thèse, politiquement irrecevable, d'une foule jaune qui ne ferait qu'obéir au chef tout en le contestant a reçu une confirmation par une sorte de répétition au niveau inférieur, celui du premier ministre. Le 23 décembre, celui-ci déclare, dans le Figaro : "La politique, c'est comme la boxe. Quand vous montez sur le ring, vous savez que vous allez prendre des coups. J'en prends. Je peux en donner aussi. J'aime ça". J'aime ça : aveu de jouissance. Le 5 janvier suivant, la boxe fait son entrée dans le mouvement des Gilets jaunes : un ancien boxeur est filmé, à Paris, en train de frapper à coup de poing les CRS. Le même jour, à Toulon, un commandant de la police boxe au visage un manifestant noir. Est-ce qu'il est arbitraire de rapprocher les mots du premier ministre ("j'aime ça") de ces deux faits de pugilat dans les manifestations qui suivent ? On peut aussi penser que l'enchaînement des événements du point de vue de l'inconscient collectif a un sens. Et que celui-ci est semblable au "qu'ils viennent me chercher" : un mot d'ordre paradoxale suivi d'une obéissance qui ne se reconnaît pas comme telle. La jouissance du premier ministre n'est-elle pas reprise, d'une manière mimétique, et aussi satisfaite, par le boxeur et le commandant, qui en font, eux aussi, leur propre jouissance ?

Le mouvement des Gilets jaunes pourrait ainsi avoir démontré ce que peut produire contre lui-même un président maladroit, ignorant de la force des mots lorsqu'ils sortent de la bouche d'un chef. Car enfin Emmanuel Macron, par son élection surprise et pas son élévation médiatique au niveau d'une star politique mondiale, a bien acquis, durant les premiers mois de son mandat, un statut de meneur (voire de gourou dans son propre parti). Voulant mettre le pays "en marche" (et lui en tête de cette marche) et se présentant comme un premier de cordée, il a distillé des signifiants suffisamment clairs pour accéder à ce statut de meneur dans le psychisme collectif. D'autant que son style très idéaliste, notamment dans ses discours, le rendait propre à incarner l'idéal du moi d'une population. Seulement, par l'inadéquation de ses mots à ce statut de leader, il a, comme un mauvais sorcier, tourné contre lui-même le pouvoir de suggestion qu'il avait pris. Sans doute n'a-t-il pas réalisé le poids que peut avoir sur la population la parole d'un chef. C'est qu'il ne connaît pas la politique, qu'il n'est pas un homme politique. Tout juste s'est-il improvisé quelques mois le chef d'un parti qui n'est pas un vrai parti. La formation technocratique qui est la sienne repose sur une culture rationnelle dans laquelle la force quasi magique des mots d'ordre ne peut être prise au sérieux. Mais la politique ne peut se réduire à des dossiers, des statistiques, des mesures pour résoudre des problèmes, à quoi l'on ajouterait de la gentillesse et de beaux sourires. Elle touche à des choses bien plus obscures. Elle est une relation entre un homme et un peuple, où il y va de la soumission volontaire. Les mots y ont une autre fonction que d'énoncer des vérités : ils donnent des ordres. Le retour de la politique à la figure de celui qui ne voulait pas en faire, c'est le mouvement des Gilets jaunes : voilà sans doute des gens qui ne demandaient qu'à suivre et obéir une sorte de Johnny de la politique. Mais si on leur donne des ordres paradoxaux, ils obéissent de manière paradoxale : en réclamant la démission du chef.

Certes, ce n'est pas là une compréhension politique de l'événement. Le sens politique, nous le chercherons plus tard, dans le fonctionnement des institutions. Mais c'est au moins une compréhension de ce qu'est la politique dans son soubassement pulsionnel : une intervention dans la psychologie profonde d'un peuple. Macron est un homme de surplomb : il aime voir de haut. Il aime particulièrement adresser des messages de politique intérieure depuis l'étranger. Il se place spontanément au-dessus et en dehors du peuple qui l'a élu. Il répugne à plonger dans l'économie pulsionnelle du psychisme collectif. L'un des sens du mouvement des Gilets jaunes, c'est l'irréductibilité du fond archaïque de la politique. Celle-ci ne peut se ramener à la simple gestion des affaires publiques. Et encore moins à la construction d'un projet commun. La mécompréhension du gros animal, de sa vie organique et quasi instinctive conduit à l'affolement de la vie civile.

# VIOLENCE ET POLITIQUE DU RITE

Avec le mouvement des Gilets jaunes, la question de la violence est revenue au premier plan de l'actualité politique. Mais étonnons-nous qu'on puisse s'étonner devant l'irruption de la violence. Celle-ci est ce qu'il y a de plus récurrent dans l'histoire des sociétés. La condamner par principe, c'est facile, mais en comprendre les ressorts, c'est mieux. Il y a quand même beaucoup de travaux sur cette question. Ne faisons pas comme si l'on tombait de la dernière pluie. René Girard, par exemple, consacre toute son oeuvre à la question de la violence. Il montre que régulièrement la violence fait retour dans les sociétés, qu'on n'est jamais débarrassé de cette question-là, et il s'interroge sur ces crises violentes. Dans *La violence et le sacré*, il écrit ceci : "L'ordre, la paix et la fécondité reposent sur les différences culturelles. Ce ne sont pas les différences, mais leur perte qui entraîne la rivalité démente, la lutte à outrance entre les hommes d'une même famille ou d'une même société"[9].

Il peut être utile de lire l'actualité avec le regard des savants et avec leur apport théorique, plutôt que de faire comme si la pensée avait à se réinventer à chaque événement chez les éditorialistes chargés de le commenter ! Nous nous étonnons que la violence sociale puisse encore exister dans une société douce et policée comme nous rêvons que soit la nôtre. Nous sommes le fruit de décennies où les aléas de la politique intérieure n'ont pas fait beaucoup de morts. L'histoire a beau nous renseigner sur la relation constante entre la politique et la violence, nous croyons nous en être sortis : et de la violence et de l'histoire. L'histoire, pour nous, est dans les livres : les révolutions du dix-neuvième siècle, la Commune, les soubresauts de la décolonisation, etc. Nous sommes surpris d'être rejoints par cela. Il arrive, certes, que les sociétés bougent sans violence, mais, le plus souvent, là où passe l'Histoire il y a des hommes qui tombent. A l'heure actuelle, le mouvement des Gilets jaunes a fait onze morts. Pour qu'il n'y

9 RENE GIRARD, *La violence et le sacré*, p. 78

en ait pas davantage, il faudrait mieux comprendre ce qui nourrit la violence.

Selon la lecture de Girard, les Gilets jaunes résulteraient de l'effacement des différences. Une société, en effet, tient et prospère par la différenciation qu'elle produit. Dans un premier temps, en lisant Girard, on pourrait songer à ce que Montesquieu désignait déjà comme "égalité extrême". "Le principe de la démocratie se corrompt, écrit-il, non seulement lorsque l'on perd l'esprit d'égalité, mais encore lorsqu'on prend l'esprit d'égalité extrême et que chacun veut être égal à ceux qu'il choisit pour lui commander. Pour lors, le peuple, ne pouvant souffrir le pouvoir même qu'il confie, veut tout faire par lui-même, délibérer pour le sénat, exécuter pour les magistrats, et dépouiller tous les juges"[10]. On comprend bien que Montesquieu ne critique pas la démocratie, mais ce qui met en crise les démocraties, à savoir l'incapacité à déléguer le pouvoir à des élus pour une durée déterminée sous forme de mandat.

Est-ce que les Gilets jaunes signifient une revendication d'égalité extrême ? On a bien vu que certains s'engouffraient

---

10 MONTESQUIEU, *L'esprit des lois*, livre VIII, chapitre II

dans cette interprétation (on aime tellement désigner l'extrémisme chez les autres !). Il faut pourtant ne pas s'y précipiter. Montesquieu se place sur le terrain de la philosophie politique et Girard sur celui de l'anthropologie, de l'analyse des cultures. Il est important de faire la différence entre ces deux plans, surtout s'il s'agit de valoriser la différence ! Il faut bien distinguer ce que les Gilets jaunes réclament et ce dont ils sont le signe. Peut-être, en effet, ne sont-ils que le symptôme d'une indifférenciation culturelle déjà là. S'ils réclament l'égalité politique, jusqu'à l'extrême, c'est qu'ils sont les produits d'une entropie culturelle : celle que porte le libéralisme extrême qui juge de toute chose selon l'argent, et non plus selon la vertu, la connaissance ou l'histoire. Ils ne font, finalement, que réclamer la mise en cohérence de la politique avec l'indifférenciation culturelle générale dont ils sont les fruits. Comment ne pas tomber dans une revendication d'égalité extrême en politique lorsque le régime lui-même, depuis plusieurs générations, ébranle les différenciations statutaires dans la famille, dans l'entreprise, dans la société en général ? Quand on supprime le statut des cheminots, par exemple, ou les différents régimes de retraite, selon une logique financière qui égalise tout, au nom de quel principe conserverait-on la différence statutaire entre les gouvernants et les gouvernés ?

Le message inexprimé des Gilets jaunes, et totalement impensé par la plupart d'entre eux, est peut-être bien plus subtil que ne sont capables de le verbaliser les analystes. Le gilet jaune est une alerte qui dénonce une incohérence. Il signifie, peut-être, qu'il faut choisir entre deux modèles, deux cohérences : soit on remet de la différenciation statutaire dans la société, et l'on peut alors sauver les institutions telles qu'elles sont; soit on lamine toute différenciation dans la société, et il faut alors accepter de produire des institutions politiques conformes à ce laminage. La question est ouverte : que chacun défende le modèle qu'il préfère et cherche à le faire partager aux autres.

Mais ce qui n'est pas tenable, c'est l'incohérence. L'homme est un être de langage, un animal logique. La violence est une alerte, elle est le signe d'une incohérence qui produit un effet de chaos. Ce chaos peut être le passage d'un ordre à l'autre, ou tout simplement l'hésitation entre deux ordres. La violence est le signe qu'un principe logique est rompu. Comme cette rupture est difficile à mettre en évidence avec des mots, elle peut produire des réactions spontanément violentes. Celles-ci signifient que quelque chose ne fonctionne plus dans le langage : le langage s'est dédoublé, il devient un double-langage destiné à tromper.

Reste que, dans l'urgence de la situation, on doit se demander comment éviter que la violence ne dégénère. La répression est une contention qui n'évite pas la violence mais, au contraire, l'organise dans l'affrontement. Les mesures de police, les lois d'urgence ne sont que des aveux de faiblesse de la part d'un régime qui a peur. Quant aux solutions par la parole, elles exigent du temps. Les réponses immédiates, généralement, sont rituelles. Ceux qui ont réfléchi à partir de l'ethnologie arrivent à ce constat : le sacrifice est un moyen pour sortir des violences. Deux penseurs français du vingtième siècle peuvent être précieux pour comprendre le dépassement de la violence dans le sacrifice : pour différents qu'ils soient, Georges Bataille et René Girard éclairent la nécessité du rite dans l'économie de la violence.

Des rites, il y en a eu dans le mouvement des Gilets jaunes. On a vu, par exemple, l'effigie de Macron mise à mal. Au lieu de s'en offusquer, comme si les sociétés pouvaient existser sans débordement, il faut bien comprendre combien ces actes symboliques peuvent être utiles pour faire diminuer le niveau de violence. L'autorité du président s'en trouve bien sûr diminuée, mais elle est remise à un niveau supportable par la collectivité. On a vu se répandre des approches psychologistes superficielles laissant croire qu'un chef peut venir à la télé et dire qu'il va changer. Mais ce que demandent les mouvements sociaux, ce n'est pas que le chef change : c'est le changement de chef. Ce qui reste étonnant, c'est que la réponse rituelle ne soit pas allée, jusqu'à présent, vers sa solution la plus habituelle, la plus convenue : la destitution d'un premier ministre. La révocation ou la démission imposée d'un responsable politique est la forme républicaine la plus édulcorée, la plus policée du sacrifice : le chef, pour se maintenir, sacrifie un collaborateur, un subordonné. Cela n'a pas le sens d'un désaveu, d'une divergence d'opinion : c'est juste une technique rituelle pour faire diminuer la violence. En ne le faisant pas, Macron entretient la violence et l'organise dans l'affrontement (répression). Pourquoi refuse-t-il de recourir à ces techniques traditionnelles et éprouvées ? Pense-t-il qu'elles relèvent de la "vieille politique" ? Croit-il pouvoir s'en passer ? N'en comprend-il plus la fonction ?

Ce que le président n'est pas capable de faire, le système médiatique ne le fait-il à sa place ? On peut effectivement le supposer en considérant le rebondissement de l'affaire Benalla au cours du mouvement des Gilets jaunes. Déjà licencié, Benalla est mis en garde à vue en janvier : c'est une destitution, mais de qui ? De celui qui est comme un double du chef. Un double mais mauvais : le double qui transgresse et frappe. En fait, selon les études profondes de Girard sur l'imaginaire archaïque, Benella est le jumeau de Macron. Non biologique, mais symbolique, ou sociologique dit Girard. D'où la difficulté pour séparer les deux, pour les forcer à ne plus communiquer d'une communication secrète et inquiétante. "Il ne faut pas s'étonner si les jumeaux font peur, écrit Girard : ils évoquent et paraissent annoncer le péril majeur de toute société primitive, la violence indifférenciée"[11]. L'affaire Benalla, qui révèle la complicité secrète entre le chef et son garde le plus proche du corps, précède et paraît annoncer (après-coup) la violence des Gilets jaunes. Girard parle des jumeaux comme d'un "signe avant-coureur". Et il écrit : "là où la différence fait défaut, c'est la violence qui menace".

---

11 *op. cit.*, p. 89

Girard pense qu'il existe un remède, un *pharmakos* pour sortir de la crise violente, qu'il nomme "crise sacrificielle" : se mettre tous d'accord pour exercer la violence contre une même victime et la sacrifier. "S'il y a réellement des crises sacrificielles, il faut qu'elles comportent un frein, il faut qu'un mécanisme autorégulateur intervienne avant que tout soit consumé"[12]. Cette victime peut être le roi lui-même, à qui l'on aurait conféré tant de prestige que pour le sacrifier. Mais pour préserver la communauté de l'angoisse de perdre son chef, il est préférable d'opérer une substitution, de transférer l'agressivité collective sur une autre victime. Celle-ci, parfois (car il y a de nombreux cas de figure selon les circonstances), peut être, dit Girard, "le *double monstrueux*" du chef. A condition que "la victime ne soit ni trop ni pas assez étrangère à cette même communauté"[13]. Aussi, la procédure sacrificielle contre Benalla est facile à interpréter dans la perspective d'une dérivation de la violence : le collaborateur a la valeur d'un double (lien particulier avec le corps du président), mais d'un double monstrueux puisqu'il s'est livré comme un voyou à des scènes de bagarre. Il n'est pas totalement innocent, il est

12 ID, Ibid, p. 104

13 ID, Ibid, p. 404

souillé. Enfin, il est très proche du pouvoir mais il n'est pas un politique, il reste extérieur au gouvernement et à l'organigramme officiel. Il a donc tous les traits de la victime sacrifiable en lieu et place du roi, selon la forme douce d'une procédure judiciaire.

Avec Benella, l'inconscient social charge le pouvoir judiciaire, le Sénat (audition parlementaire) et le système médiatique (campagne de presse) d'opérer le sacrifice rituel que le président se refuse à opérer lui-même pour faire diminuer le niveau de la violence. Autant dire que, dans la défaillance présidentielle, la société s'est révélée capable de mettre en place une solution d'urgence. Mais c'est une solution précaire qui ne peut apporter une diminution durable de la violence.

Encore faudrait-il préciser de quelle violence l'on parle. Est-ce de la violence contre les personnes ou est-ce de la violence contre les biens ? Les deux n'ont pas forcément le même sens. D'ailleurs, dans la violence contre les biens, il faut également faire la distinction entre une violence d'appropriation (vols, pillages) et une violence de destruction pure et simple. S'agissant de la destruction, comment ne pas évoquer la construction théorique de Georges Bataille ? Il arrive qu'en détruisant les choses, les hommes veuillent délivrer un message : nous valons plus que les choses, nous ne sommes pas soumis à l'ordre utilitaire. La logique économique et la culture matérialiste qui l'accompagne visent à subordonner les personnes à la production et à la consommation. On attend de la masse des consommateurs bien conditionnés qu'elle travaille pour accumuler des biens, qu'elle achète pour stimuler la croissance et qu'en fin de compte elle construise la puissance économique du pays. Cette vision matérialiste peut même être sans alternative dans la société de consommation. Or elle ne peut pas donner du sens à la vie humaine : les individus étouffent et finissent par se sentir vides comme s'ils devenaient eux-mêmes choses parmi les choses, subordonnés aux machines et aux marchandises. Aussi, dans le malaise où ils se trouvent et qu'ils n'arrivent pas toujours à exprimer, ils ressentent le besoin de se libérer de ces biens dont ils se retrouvent esclaves. La destruction des biens est l'affirmation traditionnelle de cette liberté à l'égard des choses. Dans les sociétés traditionnelles, cette destruction trouvait une forme rituelle : celle du sacrifice. Les sociétés organisaient la consumation en pure perte d'une part de leurs richesses et ils offraient cette destruction aux dieux. Or, dans le monde moderne, ces rites sont entrés en désuétude et nous semblent même immoraux : nous n'aurions plus le droit de gaspiller. Néanmoins, le besoin profond qu'ont les humains d'affirmer qu'ils ne peuvent se laisser enfermer dans des logiques utilitaires, ce besoin existe toujours et doit se satisfaire dans des destructions non organisées, non prévues et même non autorisées, comme lorsqu'il arrive que des biens publics soient détruits durant des fêtes ou durant des manifestations. Ces destructions illégales sont alors qualifiées de violences, mais il faut bien considérer que ces violences-là ne sont pas du même ordre que l'attaque des personnes ou l'appropriation des biens. Elles sont des pratiques de consumation qui viennent rééquilibrer les excès de consommation.

Du point de vue rationnel, qui est celui de la mentalité moderne, c'est là une folie : pourquoi ce goût pour la destruction ? Cependant, l'humanité ne peut pas se laisser réduire à une logique de la protection des biens. C'est au nom de tous, au nom d'une logique collective que certains individus, dans une demi-conscience, ou même dans une inconscience totale, en viennent à mettre certains biens hors d'usage. Du point de vue du maintien de l'ordre, on les dénommera des casseurs. Du point de vue politique, on les désignera comme des extrémistes, de droite ou de gauche. Du point de vue de la psychiatrie, on peut même voir en eux des violents, des malades. Mais, aux yeux du savant formé à la sociologie et à l'ethnologie, ces individus ne peuvent être isolés de la société : ils sont les agents d'une résistance sociale au matérialisme et au consumérisme. Ils sont une pétition en faveur de la liberté humaine dans le monde des choses. Non pas que la liberté puisse jamais se confondre avec la violence, mais indiscutablement elle passe parfois par la négation des choses.

Comment faire en sorte que ce besoin de dépense inutile ne prenne pas la forme de la violence ? Car enfin, il pourrait peut-être se satisfaire d'une manière moins violente. On ne peut guère imaginer de nouveaux rites pour sacrifier des biens. On peut certes renoncer aux biens sans les détruire. Par exemple en les donnant. Mais cela demande une prise de conscience du sens de l'acte et une élaboration plus complexe de la pétition de liberté. D'ailleurs, donner n'a pas le même sens que détruire, car c'est laisser les choses dans le circuit de l'échange. Produire moins, viser la décroissance pourrait apporter une réponse non violente aux excès du consumérisme, mais la société tout entière est loin de vouloir s'engager dans cette voie. On pourrait peut-être diminuer une part de ces violences de destruction en exposant moins les objets, en mettant moins en valeur les biens. Car enfin, une ville est-ce fait pour organiser à ce point la mise en scène des marchandises, parfois les plus inutiles ou luxueuses, parfois les plus viles. Pourquoi ne s'étonne-t-on pas qu'on puisse mettre en vitrine tant d'objets avec le projet délibéré de faire envie à ceux qui passeront devant ? Qui pourrait soutenir que c'est là une marque de civilisation ? Comment ne pas voir que ces bijoux, ces grosses voitures, ces guichets de banque ne manifestent, en réalité, que notre asservissement à de fausses valeurs ?

Le mouvement des Gilets jaunes nous obligent à réfléchir à ce que sont devenues nos villes. Lieux d'étalage des richesses et des inégalités sociales, lieux de loisirs et de plaisirs hors de portée de beaucoup de gens, affichage de la frivolité et de l'aliénation à la marchandise. Mais aussi espace vidéo-surveillé, sous contrôle permanent. Même les routes le sont devenues, et ce n'est pas n'importe quels biens publics qui ont été détruits. Il faudra, par certaines études, s'interroger sur le choix des cibles. Ce n'était pas aléatoire, il y avait certainement une pensée derrière.

Est-ce que l'humanité pourra jamais dépasser la violence ? Elle peut, en tout cas, la faire diminuer, ou empêcher qu'elle n'éclate en graves crises. Mais l'interdire ne suffira jamais. Il faut d'abord en comprendre les ressorts pour, ensuite, lui trouver des expressions alternatives. On ne passe pas directement de la violence à la parole. Entre les deux, il y a la médiation du rite, qui est, bien plus que la parole, en relation profonde avec l'inconscient collectif. Notre culture contemporaine, à mesure qu'elle s'enfonce dans la post-modernité, perd le sens du symbolique et du rituel. Elle construit un individu abstrait, égo-centré, matérialiste. Or, c'est une réduction de l'humain. Pourrait-on aller jusqu'à dire, même si c'est excessif, que le mouvement des Gilets jaunes sonne comme un rappel de cette part irréductible de l'humain : celle qui ne se laisse pas enfermer dans le monde de la marchandise, dans celui du mensonge et du double-langage ?

# LE DESORDRE DES INSTITUTIONS

Mais peut-être serait-il temps, à présent, d'étudier la signification proprement politique du mouvement des Gilets jaunes. Nous en sommes restés jusqu'ici à des considérations pré-politiques sur les phénomènes sociaux. Ceux-ci constituent l'ensemble des circonstances dans lesquelles une organisation politique doit s'inscrire et se maintenir. La politique, c'est instituer la vie politique, lui donner son organisation, ses lois. C'est faire avec la société comme elle est et y instituer un Etat. Il est réducteur de définir la politique par le gouvernement, encore plus par l'action d'un gouvernement. Gouverner et agir sont effectivement des composantes de la politique, mais celle-ci, préalablement, est la constitution d'un ensemble de lois qui transforment une société en un corps politique. En un corps où une simple population s'érige en peuple par un système de représentations mentales de soi-même, héritées de l'histoire.

Mais il ne faut jamais oublier que ce corps politique repose sur des substrats prépolitiques. D'abord sur un substrat biologique, celui de l'espèce, d'une population donnée, celui des corps physiques qui forment cette population. La question de la violence, qui est toujours un échec politique, est ce moment où le corps institué mis à mal laisse transparaître, sous lui, ce que le philosophe Agamben appelle “la vie nue”, c'est-à-dire les corps fragiles et exposés à la tuerie. Dans le mouvement des Gilets jaunes, la cérémonie des yeux perdus a été un rappel et une mise en spectacle de la vie nue face aux armes du corps politique qui défend un régime. Les questions de santé publique, d'alimentation ou d'écologie touchent aussi au substrat biologique du corps politiques. On les a vues envahir le débat politique, depuis une vingtaine d'années, comme s'il y avait, chez nous, le désir de ne plus prendre soin du corps politique en tant que tel, mais seulement de ce substrat sur lequel il repose. C'est ce que Foucault avait anticipé en forgeant son concept de biopolitique. Le mouvement des Gilets jaunes peut être compris aussi comme le retour de la question proprement politique, celle des institutions, après tant d'années de biopolitique. Car, s'il y a, certes, le danger des épidémies, des contaminations ou du dérèglement climatique, il y a aussi le danger de la guerre civile, dont nous ne sommes jamais libérés tant que nous vivons ensemble.

Dans les pages précédentes, nous avons essayé de mettre en lumière un second substrat du corps politique : la vie collective du gros animal, à savoir la vie sociale en tant qu'elle est commandée par de l'inconscient, par des dispositifs pulsionnels qui structurent, à un niveau archaïque, les relations humaines à l'intérieur d'une communauté. Nous y avons insisté parce qu'il nous semble qu'une nouvelle conception de la politique, post-moderne, technocratique, rationnelle (ou plutôt rationalisante), est devenue aveugle à ce substrat psycho-sociologique, pourtant bien éclairé par les sciences humaines. Dès lors que l'économie devient la principale science de référence pour les gouvernants, croît et s'épaissit un aveuglement aux autres dimensions de la vie collective. Il s'agit même d'un véritable refoulement du pulsionnel. Comme tous les refoulements, il expose au retour du refoulé : ces foules fluorescentes au bord des routes et sur les places donnent une figure saisissante à ce retour du refoulé, avec les effets de blocage et d'angoisse qui l'accompagne toujours. Non, la politique, ce n'est pas que de la gestion financière de l'activité humaine à partir de statistiques et de bilans comptables; ce n'est pas que de l'organisation du travail, de la lutte contre le chômage et de la distribution de pensions ou d'allocations de toutes sortes. La vie d'une société est irréductible à cette approche économiste. L'économie est une vieille science, fondée sur une anthropologie réductionniste dépassée depuis longtemps. La société, c'est aussi du pulsionnel, c'est de l'inconscient qu'on ne peut prendre en charge que par le souci du symbolique et du rituel. Ce souci, la République l'a toujours eu et on sait comment il a été remis en avant par la Révolution, après une période de désordre. Le substrat psycho-sociologique du corps politique ne comprend pas les discours et les arguments, il n'est pas sensible au psychologisme et aux bonnes intentions : il exige qu'on fasse preuve de délicatesse symbolique et qu'on lui parle le langage qu'il comprend, celui des repères clairs, des rites émouvants, des archétypes profonds. Si l'on y fait bien attention, c'est aussi ce qui se cherche, d'acte en acte, dans les manifestations du samedi : des symboles, des hommages aux victimes, etc. D'acte en acte se met en place un processus (que les savants étudieront avec le recul nécessaire) qui consiste à partir d'une foule et à chercher à se constituer comme corps politique de citoyens, mais en passant par ce stade intermédiaire de la production symbolique : gilets, effigies, actes rituels, écritures et graffitis, commémoration, etc.

Si l'on a donc à l'esprit ces deux substrats pré-politiques sur quoi repose le corps de l'Etat, on peut, à présent, s'interroger sur ce que le mouvement des Gilets jaunes pointe et dénonce au niveau proprement institutionnel. La politique ne tient pas tant aux décisions qu'on prend qu'à la manière dont on les prend. Elle tient aux processus de décision. Si ce mouvement porte les revendications les plus diverses et variées, et parfois les plus contradictoires, c'est que sa vraie question, finalement, n'est pas : “qu'est-ce qu'on décide?”, mais : “comment on décide et qui décide ?”.

Or apparaît tout de suite un fait massif : en France, dès qu'une part de la population réclame un changement dans la loi, à qui doit-il la réclamer ? Au pouvoir exécutif ! Il y a là, dès la position du problème, une évidence : la France est un pays qui ne respecte pas la séparation des pouvoirs, et en particulier celle qui devrait exister entre le législatif et l'exécutif. Tous ceux qui ont eu à militer, ont appris, à leurs dépens, qu'il ne sert à rien de s'adresser aux députés même lorsqu'il est question de réforme législative. Ce n'est pas au Parlement que ça se décide. Si les Gilets jaunes n'avaient servi qu'à bien faire entrer cela dans toutes les consciences citoyennes, ce serait déjà beaucoup : le pouvoir législatif est confisqué par l'exécutif.

Le corps politique, c'est-à-dire l'Etat, comme tout corps, est constitué d'organes distincts, mais il a fallu, à la philosophie politique, un certain temps pour discerner les trois principaux, parce qu'ils avaient été souvent et longtemps confondus, collés les uns aux autres, et comme écrasés dans une souveraineté absolue, indifférenciée, sans partage. Et pourtant, ils sont distincts dans leur fonctionnalité propre : le législatif, l'exécutif et le judiciaire. Notre culture politique européenne n'a jamais été totalement ignorante de la distinction des trois pouvoirs qui font l'Etat, mais ce n'est qu'au dix-huitième siècle qu'on revendique qu'ils soient désormais clairement séparés, et plus qu'avant. Peut-être parce que le corps politique, désormais nettement séparé des institutions ecclésiastiques, se pense de nouveau à la lumière de cette autonomie.

La séparation des pouvoirs n'est pas propre à la République, ni à la démocratie. Elle est un héritage essentiel de l'histoire politique des pays européens. Elle s'est imposée déjà sous les monarchies, du moins chez ceux qui contestaient la monarchie absolue. C'est ainsi qu'on la voit se dégager progressivement chez Locke, puis s'affirmer clairement chez Montesquieu. L'Anglais insiste sur la division nécessaire entre législation et gouvernement. Le Français met en évidence l'existence d'un troisième pouvoir indépendant, le judiciaire. Kant, dans sa *Doctrine du Droit*, reprend cette division tripartite de l'Etat et l'organise en un hiérarchie où la législation tient la plus haute place.

Or, dès lors que le pouvoir législatif est dégagé des autres, il est toujours attribué au peuple. "Le pouvoir législatif unifié ne peut revenir qu'à la volonté du peuple"[14], écrit Kant. Et l'on trouve déjà chez Locke, dès son T*raité du gouvernement civil* (1690) l'idée suivante : "le peuple se réserve toujours le

---

14 KANT, *Doctrine du Droit, II, §46*

pouvoir souverain d'abolir le gouvernement ou de le changer lorsqu'il voit que les conducteurs, en qui il avait mis tant de confiance, agissent d'une manière contraire à la fin pour laquelle ils avaient été revêtus d'autorité"[15]. Ce qui revient à dire que tout mandat est révocable par le peuple dès lors que la mission confiée n'est plus remplie. Comment alors se fait-il qu'au début du vingt et unième siècle, dans un régime républicain, on puisse considérer comme extrémiste l'idée que le peuple, lui-même ou ses représentants, fasse les lois ? Or aujourd'hui les lois se décident à l'Elysée, elles se précisent dans les ministères et le Parlement ne fait qu'entériner par un vote jouer d'avance.

Les Gilets jaunes portent une réclamation, d'ailleurs pas très nouvelle, mais ils la portent avec exaspération : l'élection ne peut se réduire à désigner le chef de l'exécutif : elle doit servir à se prononcer sur des lois. Voter pour des lois, et non pas voter pour des chefs.

Les mots, bien sûr, s'emploient par habitude, et sans qu'on y réfléchisse. Leur sens est façonné par l'usage qu'on en fait. Mais la république, tout de même, se définit par la

15 LOCKE, *Traité du gouvernement civil,* ch.XIII

souveraineté du peuple, et cette souveraineté s'exerce par le pouvoir de faire les lois. Comment est-elle compatible avec l'appropriation du pouvoir législatif par le gouvernement ? Car le président de la république est le chef de l'exécutif, il gouverne. On arrive à cette situation très étonnante, que les Gilets jaunes auront au moins le mérite d'avoir révélée : le gouvernement en place prétend défendre la république, être un rempart contre ceux qui la contestent, alors qu'il ne lui permet justement pas de fonctionner : en vérité, il la confisque.

D'autre part, si l'on se réfère à un grand penseur de la république, à Machiavel en ses *Discorsi*, il faut ajouter que la république est un peu plus que des institutions. Elle est un état d'esprit. Il étudie une forme ancienne mais principielle de la république, celle de Rome. "Dans toute république, écrit-il, il y a deux sentiments distincts, celui du peuple et celui des élites; et toutes les lois favorables aux libertés sont nées de la désunion de ces deux sentiments"[16]. Machiavel est connu pour les conseils qu'il donne au prince, et dont s'inspirent encore aujourd'hui ceux qui se vivent "comme prince". Car, en France, beaucoup de gouvernants mettent en avant la

16 MACHIAVEL, Discours, I, 4

république dans les mots, mais ils gouvernent avec l'esprit de la monarchie. Ils s'inspirent souvent de cette duplicité théorisée par Machiavel entre les principes affichés et l'action effective : faire croire à ce qu'on dit pour ne pas laisser voir ce qu'on fait. Mais, à côté de la duplicité princière, on oublie que Machiavel a également discerné la dualité républicaine. L'esprit de la république, c'est le dissensus, le tumulte permanent, une sorte de quasi chaos à chaque moment évité. La république, nous dit-il, ne peut être que tumultueuse parce qu'elle procède du conflit permanent et sain entre les élites et le peuple. La vie populaire est un phénomène sonore : de la rumeur, de la clameur, des bruits, des cris, et tout ce qui empêche les élites de pouvoir décider dans le silence de la ville, hors d'atteinte de la pression et de l'interpellation qui monte de la *vox populi*. Celle-ci n'est pas totalement comptabilisable au moment des élections, lorsqu'on fait le décompte des voix. Tout n'est pas numérique dans la *vox*. La voix se définit aussi par son volume, par le bruit qu'elle fait. La concorde est l'idéal des monarchies absolues (voir Hobbes); mais l'idéal républicain, c'est la revendication tumultueuse. Le dialogue, pour le prince, ne peut être qu'une ruse pour conserver son pouvoir, qu'il le doive à la force ou aux urnes.

Mais la république, comme système politique, ne repose pas sur le "dialogue" : elle repose sur la tribune offerte à ceux qu'on nommait les "tribuns de la plèbe". Nous avons encore certainement à apprendre de Machiavel. Notre culture politique s'est tellement appauvrie qu'on n'est plus capables aujourd'hui d'analyser correctement les mouvements sociaux. Le droit de manifestation, les droits de l'opposition, le macronisme les accepte comme des fatalités, des risques. Ils sont défendus du bout des lèvres mais on ne comprend plus bien qu'ils sont au coeur de la république, on essaie de les réduire. On voudrait des manifestations sans cohue et sans débordement, encadrées comme on dit. On voudrait des débats parlementaires sans tribun, sans invectives. C'est que l'esprit de la république n'est pas du tout vivant dans le macronisme qui rêve de consensus et de pacifisme social.

Il est indéniable que chaque nation a sa propre culture républicaine et que celle-ci transparaît chez ses grands penseurs politiques. On peut, effectivement, dire que Machiavel exprime une conception très latine de la république. A l'opposé, on peut trouver chez Kant une conception plus germanique. Chez Kant, le peuple est bien législateur en tant que, de lui, se dégage une volonté, une volonté générale qu'il nomme "unifiée". Kant mentionne "la liberté légale de n'obéir à aucune autre loi que celle à laquelle le citoyen a donné son assentiment"[17]. Mais la volonté populaire devient, chez ce penseur, tellement abstraite, quasi métaphysique que, les hommes concrets y sont davantage les sujets d'une république sacralisée que ce peuple tumultueux dont parle Machiavel. Il ne reconnaît certes pas un pouvoir trop grand à l'éxécutif. Il réduit le chef de l'Etat à n'être qu'un "agent de l'Etat" et il précise bien : "un gouvernement qui serait en même temps législateur devrait être nommé despotique"[18]. Mais, en même temps, s'il reconnaît un droit de doléances, il exclut tout droit de résistance ou de rébellion, même dans le cas de l'injustice du gouvernant. Se dégage une sorte de conception sacrale de la république où le peuple législateur est comme d'une autre essence que le peuple concret.

S'agissant de la France, la conception républicaine classique tient à la référence à Rousseau, référence qui semble fondatrice. Or, dans le *Contrat social*, la distinction entre la

17 Kant, *Métaphysique des moeurs, Doctrine du Droit*, II §46

18 Id, ibid, II, 49

république et la démocratie est on ne peut plus claire. La république se définit par le pouvoir législatif exercé par le peuple; la démocratie, c'est lorsque le peuple exerce le pouvoir exécutif. En France, en élisant le président de la république qui va former le gouvernement, nous sommes en démocratie. En revanche, du fait de la confiscation du pouvoir législatif par l'exécutif, nous ne sommes en République qu'en apparence. Même si formellement les lois sont votées par deux chambres, elles n'expriment que la volonté de celui qui a été élu pour gouverner et qui a pu placer à l'Assemblée le personnel de son parti. Un programme électoral ne peut se substituer au travail parlementaire du peuple à travers ses représentants.

Les Gilets jaunes ont ressenti durement l'excès de pouvoir du président, même s'il a été élu. Avec leur principal slogan, "Macron démission", qu'ont-ils voulu dire ? Il y a loin de la voix populaire qui clame un slogan à la parole construite qui réclame un certain nombre de réformes. Peut-être que le mouvement des Gilets jaunes va échouer à franchir ce fossé entre clamer et réclamer. Pour le moment, il n'y est pas parvenu. La question de la démocratie directe a été soulevée, parfois réclamée, mais presque d'avance écartée par les tenants du régime actuel. Avant de la trancher, il faut se demander comment la formuler ?

Elle est d'abord liée au mandat conféré à des députés. Qu'est-ce qu'un député ? On peut dire qu'il s'agit d'un représentant du peuple, chargé de légiférer en lieu et place du peuple. Pourtant Rousseau récuse le mot de "représentant" : "dans les anciennes républiques, et même dans les monarchies, jamais le peuple n'eut de représentants", écrit-il dans *Du contrat social*. Ceci ne signifie pas que Rousseau nie la nécessité d'avoir des députés, mais pour lui ils ne doivent pas se comporter en "représentants" mais en "commissaires". Quelle différence entre ces deux mots ? Au représentant, on donne tout pouvoir le temps d'un mandat, et il pourra voter les lois qu'il veut au nom de ceux qui l'ont élu; tandis qu'à celui qui est commis, on donne une mission, pour aller porter à l'Assemblée une loi précise, particulière. Cette distinction importante permet de dépasser bien de faux débats : elle nous parle d'une réforme qui ne contournerait pas du tout les députés, mais redéfinirait leur rôle. Dans le système actuel, le député est constitué par deux liens : l'un à ses électeurs, l'autre à son parti. Or il se présente, le plus souvent, comme représentant de son parti et il est élu comme tel. Représentant du parti et pas du peuple. Donc, dans la réalité, le lien du député à son parti est de loin le principal. Le député est mandaté par son parti. Or les citoyens ne décident pas les choix politiques d'un parti, sauf s'ils sont adhérents et militants (encore que très peu même dans ce cas-là). Le problème n'est donc pas l'existence des députés mais le fait qu'ils ne légifèrent pas selon la volonté des citoyens, mais selon les orientations de leur parti. Ce qui oblige à s'interroger sur le sens même des élections dites législatives.

Les Gilets jaunes ont également posé la question du référendum, c'est-à-dire de la capacité des citoyens à légiférer directement. On trouve chez Rousseau un principe très clair qui pourrait venir à l'appui de cette revendication : "Toute loi, dit le philosophe, que le peuple en personne n'a pas ratifiée est nulle, ce n'est pas une loi". Dans le *Contrat social*, le pouvoir de légiférer n'est pas concédé au peuple : il l'a, et ne peut s'en défaire : "le souverain, qui n'est qu'un être collectif, ne peut être représenté que par lui-même". Le référendum peut-il être, toutefois, la forme ordinaire de la législation ? Non, car la plupart des gens ne peuvent pas être citoyen à plein temps. En revanche, chaque député peut être dépêché à une assemblée pour suivre l'élaboration de quelques lois. Dans ce cas, l'élection législative est la présentation par les candidats de quelques projets de loi qu'ils veulent défendre. Les électeurs votent pour le candidat qui présente le projet qu'ils souhaitent voir passer. A l'assemblée, chaque député retrouve les autres députés et se forment alors une majorité autour d'un projet de loi précis. Pendant ce temps, l'exécutif traite des affaires de sa compétence mais n'interfère jamais avec le travail législatif. Le processus dont nous parlons n'est pas référendaire, mais c'est tout de même le peuple qui choisit les projets de loi. Les députés jouent pleinement leur rôle, mais comme agents législatifs missionnés par le peuple. Par exemple, il serait dit (à voir par qui) que le premier semestre de l'année 2022 est consacré à l'examen de la réforme des retraites. Des députés se présentent devant les électeurs avec des projets différents pour cette réforme. Les électeurs élisent celui qui porte le projet ayant leur préférence. A l'assemblée, les députés discutent, composent à l'intérieur de certaines limites, forment des alliances, cherchent une majorité, bref font de la politique. Au bout de quoi une loi est votée.

Il y a de nombreux avantages à ce processus parfaitement réalisable. Le premier, c'est sa lenteur. Il ne faut pas oublier que l'un des graves problèmes de nos régimes, c'est l'inflation législative. Il faut faire moins de lois, mais les rendre plus démocratiques et les discuter davantage. Ce n'est pas sans effroi qu'on a pu voir, durant la première année de la présidence macronienne, cette précipitation législative, cette frénésie pour faire passer en peu de temps un maximum de lois, en les discutant le moins possible, parfois en catimini, et en communicant le moins possible autour du travail parlementaire. Quel triste spectacle que cette précipitation législative ! Travail peu réfléchi et pour ainsi dire bâclé. Un processus plus lent de députation par mission permettrait également d'éviter les lois de circonstance, purement réactives, et qui nuisent beaucoup à l'autorité de la loi parce qu'en réalité elles ne font qu'obéir aux besoins de l'exécutif et non pas aux besoins des gens. La loi dite "anti-casseurs" en est la parfaite illustration : elle n'est qu'une commande passée par le ministre de l'intérieur à la majorité parlementaire. Quelle dégradation du travail des chambres et quelle subordination du législateur, plus du tout souverain, au gouvernement !

Le deuxième avantage serait d'exclure du travail législatif toute immixtion du gouvernement. Cela éviterait qu'une élection présidentielle puisse se jouer sur un programme électoral. En quoi une série de mesures écrites sur un papier peut permettre de juger la capacité d'un candidat à gouverner et à faire face aux épreuves, aux imprévus ? S'il s'agit d'élire un chef de l'exécutif, il faut évidemment considérer ses qualités, ses vertus, et non pas un programme. Le programme des réformes à faire, c'est au peuple d'en décider au fur et à mesure d'un calendrier fixé par lui et en élisant des députés. Les députés, quant à eux, y gagneraient évidemment en indépendance et en autorité. C'est aussi un moyen d'éviter les pressions des groupes influents. Le seul mandat qui lierait les députés serait le mandat à leurs électeurs. Que ce mandat soit court et précis éviterait la constitution d'une classe politique éloignée des gens.

Ainsi, pour reprendre les catégories de Rousseau, le régime pourrait être pleinement républicain (le peuple ayant retrouvé sa pleine souveraineté législative) et pleinement démocratique, le régent du gouvernement (pour reprendre l'expression de Kant, préférable à celle un peu tribale de "chef" de l'Etat) étant lui aussi élu au suffrage universel. On pourrait alors parler d'une république démocratique. La séparation fondamentale du législatif et de l'exécutif exige évidemment la déconnexion totale des élections des députés et des élections des gouvernants.

Reste, dans tout cela, la question délicate des élections. Le suffrage universel n'est pas sans poser de nombreux problèmes qu'il faut bien regarder en face. Les Gilets jaunes se sont manifestés dans la rue, et non pas dans les urnes. Cela fait parti du signe très singulier qu'ils envoient. Nombreux, parmi eux, sont des abstentionnistes. Ils refusent depuis longtemps d'aller voter par défiance à l'égard d'une fausse république dont nous venons de discerner les incohérences. Les citoyens qui ne vont pas voter ne sont pas des citoyens de seconde zone. L'abstention n'est pas une paresse mais une expression politique, un message citoyen envoyé à ceux qui organisent les élections. Les abstentionnistes peuvent, sans aucune incohérence, s'exprimer dans la rue, ou dans la presse, ou d'une toute autre manière. Dans un texte de 1955 sur l'abstention, le philosophe Merleau-Ponty essaie de comprendre pourquoi André Gide se vantait de ne jamais voter. Et Gide n'est pas le seul écrivain, le seul penseur, le seul intellectuel à ne pas voter. Pourquoi des gens intelligents, et par ailleurs engagés dans des luttes politiques (ce qui était le cas de Gide) peuvent choisir de ne pas prendre part aux scrutins ? Merleau-Ponty dégage une réponse qui est la suivante : "celui qui prend part au vote se démet de ses convictions les plus mûres, il consent qu'elles ne comptent que pour une opinion dans le recensement général des opinions, il ratifie d'avance la décision des autres"[19]. Pourquoi, en effet, si l'on se retrouve dans la minorité, accepter de se plier à la tyrannie de la majorité ? Celui qui s'abstient n'a aucune raison de se sentir engagé par le résultat d'une élection, mais celui qui vote s'oblige implicitement à respecter ce qui sort des urnes. Comment peut-on renoncer de la sorte à défendre ses propres convictions dès lors qu'elles sont minoritaires ?

Du reste, au regard des "primaires" qui ont précédé la dernière élection présidentielle, on peut se demander si les politiques eux-mêmes prennent au sérieux les scrutins. On a vu, en effet, certains, ayant pris part au vote non seulement comme électeur mais aussi comme candidat (ce qui engage

---

19 MERLEAU-PONTY, *Signes*, p. 397

bien davantage), ne pas réellement consentir au résultat, ne pas soutenir le candidat élu et même le trahir ! Au nom de quoi ? De leurs convictions certes (du moins dans la meilleure hypothèse). Ce qui montre le sérieux de la question soulevée par Merleau-Ponty.

Que le recours aux élections puisse faire tomber dans la tyrannie de la majorité, c'est ce que Tocqueville a dénoncé dans des pages célèbres : "je regarde comme impie et détestable cette maxime qu'en matière de gouvernement la majorité d'un peuple ait le droit de tout faire"[20], écrit-il. D'autant que la majorité pourrait bien n'être que la masse la plus docile, celle qui est le plus facilement manipulable. Faut-il donner une prime aux citoyens les plus sensibles aux influences, les plus faciles à subjuguer, les moins critiques ? Est-ce bon pour le bien commun ? Les campagnes électorales donnent d'évidents avantages aux candidats qui ont le plus de moyens et elles sont l'occasion d'une manipulation de l'opinion plus poussée que jamais, d'une propagande subtile et savante. Dans ces conditions, que peuvent valoir des élections si libres soient-elles ? Si bien qu'on pourrait reprendre la célèbre

20 TOCQUEVILLE, *De la démocratie en Amérique,I,* II, 7

formule de Sartre, qui ne croyait pas plus au suffrage universel que Gide : "élection, piège à cons". Par des chemins différents, c'est à la même conclusion que parvient Tocqueville dans une formule comme celle-ci, à propos du vote : "les citoyens sortent un moment de la dépendance pour indiquer leur maître, et y rentrent"[21]. Ou encore : "ceux qui regardent le vote universel comme une garantie de la bonté des choix se font une illusion complète"[22]. On voit donc qu'il n'est pas du tout aberrant que la *vox populi* se fasse autant entendre dans la rue que dans les urnes, comme le font les Gilets jaunes. Le refus des urnes peut reposer sur le refus d'être instrumentalisé par le conditionnement médiatique, sur la défiance à l'égard d'élections destinées à faire fonctionner un régime qu'on ne veut pas cautionner, ou encore sur la conviction que la vie publique ne peut pas s'appuyer seulement sur la loi de la majorité. Comment les Gilets jaunes, ces déçus de la politique, peuvent-ils concilier l'engagement citoyen et, chez beaucoup d'entre eux, l'abstentionnisme ? Eh bien, c'est que l'expression de la *vox populi* n'est pas seulement une question de comptabilité des votes : elle tient aussi à l'intensité du moyen

21 Id, ibid, IV, 6

22 Id, ibid, II,5

d'expression, comme d'aller manifester loin de chez soi, de braver le froid sur les ronds-points, de prendre des risques pour son intégrité physique et pour sa vie même. Le volume de la voix, les sacrifices que l'on est capable d'endurer pour se faire entendre donnent une valeur supplémentaire à l'expression de certains citoyens par rapport à ceux qui se contentent de glisser un bulletin dans l'urne.

Les partisans du suffrage universel ne sont toutefois pas restés sans réponse devant ces arguments qui portent le discrédit sur les élections. Pour Rousseau, "la voix du plus grand nombre oblige toujours tous les autres". Mais c'est à une condition très importante : celle de reconnaître que la majorité est le plus sûr moyen de discerner la volonté générale. Autrement dit, ce n'est pas en tant que majorité qu'elle s'impose, mais en tant qu'expression de la volonté générale. La volonté générale est l'interprétation du bien commun. L'élection est le moyen pour définir non pas ce que veut la majorité, mais ce qui est bon pour tous. Car, beaucoup peuvent se tromper sur ce qui est bien pour tous, mais tout de même pas une majorité. La majorité, plus ou moins forte, et quel que soit le nombre de votants, et même s'il y a beaucoup d'abstention, la majorité n'est pas une réalité comptable : elle est l'expression d'une intuition sur le bien commun. C'est pourquoi Rousseau peut aller jusqu'à écrire : "quiconque refusera d'obéir à la volonté générale y sera contraint par tout le corps", c'est-à-dire par la société entière. Cette formule, qui peut paraître totalitaire, s'éclaire si l'on considère que la volonté générale exprime ce qui est bon pour tous, même pour celui qui refuse d'obéir. En le forçant, on fait en somme son bien, même s'il ne le voit pas.

Toutefois, cette conception de l'élection comme un moyen de discernement de la volonté générale exige que les citoyens sachent bien voter et répondre à ce qui est demandé : "quand on propose une loi dans l'assemblée du peuple, écrit Rousseau, ce qu'on leur demande n'est précisément pas s'ils approuvent la proposition ou s'ils la rejettent, mais si elle est conforme ou non à la volonté générale". Autrement dit, l'élection exige des citoyens capables de faire la différence entre d'un côté leur préférence et leur intérêt et, de l'autre, leur jugement sur le bien commun. Ce qu'ils doivent exprimer par leur vote, ce n'est que leur jugement, pas leur choix ou leur intérêt. Voter est un acte judicatif et non un acte de la volonté. C'est là une conception qu'on n'expose guère aux lecteurs ! On les encourage plutôt à voter pour choisir. Mais même si on leur expliquait cette condition, elle pourrait sembler irréalisable. Existe-t-il beaucoup de citoyens assez bien formés pour porter un jugement désintéressé sur le bien commun ? Et même s'ils étaient assez formés, auraient-ils assez d'honnêteté pour voter contre leur intérêt, en n'ayant soin de ne considérer que ce qui leur semble bon pour la société ? Rousseau exige du citoyen tant de discernement et tant de désintéressement qu'on peut se demander s'il n'est pas en plein rêve, s'il ne nous parle pas d'élections idéales qui n'ont jamais eu lieu sur terre. Où sont les citoyens dont nous parlent Rousseau ? S'ils n'existent pas, l'élection perd sa valeur et les institutions qui reposent sur elles s'écroulent.

Quant à la volonté générale, les philosophes après Rousseau, moins rêveurs que lui, n'y ont vu qu'un mythe, une croyance vaine. Aucune société n'est traversée par une volonté générale. On n'y trouve que des volontés particulières et contradictoires qui s'affrontent et définissent, par leur équilibre instable, une situation de pouvoir, de domination des uns sur les autres. Le bien commun lui-même n'existe pas, car le bien des uns ne cesse d'être en lutte avec le bien des autres. Toute société est un jeu de contradictions et un rapport de forces. S'il en est vraiment ainsi, c'est en changeant le rapport de forces qu'on peut faire évoluer la société. C'est pourquoi l'Histoire ne passe pas principalement par des élections, ni d'ailleurs par un changement des institutions : elle est une succession d'événements violents, de luttes gagnées ou perdues, de guerres civiles ou internationales. Dans cette perspective, ce qu'il faut interroger, chez les Gilets jaunes, c'est leur force. Constituent-ils une force de rue suffisante pour faire peur, pour faire bouger le pouvoir en place ? Voir ainsi les Gilets jaunes comme une force sociale, mais faible face aux forces de l'ordre peut nous remplir d'une grande mélancolie. Non pas parce que nous voudrions les voir triompher mais parce qu'ils nous obligent à reconnaître que, comme le dit Hegel, "le spectacle de l'histoire risque à la fin de provoquer une affliction morale et une révolte de l'esprit du bien"[23]. En effet, tout semble se ramener à des épreuves de force. Tout risque de se résoudre par le déchaînement des passions. De quel côté y aura-t-il le plus de haine, le plus d'endurance, le plus de ruse ? Toutes ces passions qui font avancer l'Histoire, dit Hegel, ne

23 HEGEL, *La raison dans l'Histoire*, II, 2

respectent aucune des bornes que le Droit et la moralité veulent leur imposer".

Mesurer à ce critère de la force, les Gilets jaunes ne semblent pas pouvoir orienter l'Histoire du côté qu'ils voudraient. Celle-ci est pleine de révoltes sans lendemain, de répressions vite oubliées. Combien de mouvements qui ont cru pouvoir faire des révolutions n'ont servi, en fin de compte, qu'à renforcer les régimes en place ? Les Gilets jaunes se prennent peut-être pour le peuple, pour cette force populaire dont on dit qu'elle fait l'Histoire, mais, tout bien compté, lorsqu'on déconstruit la mythologie qui les porte, ils ne sont pas bien nombreux et ils sont désarmés. Face à eux, le macronisme se durcit et prépare, sans le savoir, les meilleures institutions dont puisse rêver le pouvoir autoritaire qui vient de l'extrême-droite. L'Histoire est coutumière de ces ruses, comme le dit Hegel, où croyant tirer d'un côté, on pousse du côté opposé. Dans ce que Merleau-Ponty nomme "le maléfice de la vie à plusieurs", il arrive que, voulant une chose, on produise son contraire. Un tour du diable, diront ceux qui croient qu'il est partout chez lui ici bas ? Ou l'ironie de l'Histoire ?

Les Gilets jaunes nous envoient bel et bien un signe qui à

de quoi nous faire penser. Ils révèlent l'incohérence de nos institutions. Le désordre des rues, aujourd'hui, n'est que le résultat et le reflet d'un désordre principiel, au coeur des institutions, une maladie du corps politique, un vice de l'Etat qui est la confiscation du pouvoir législatif. La formule qu'aimait à répéter Ricoeur à la fin de sa vie et qu'il explicite dans *Soi-même comme un autre* : “viser à la vie bonne, avec et pour l'autre, dans des institutions justes”, eh bien cette formule est loin d'être remplie. Elle devient même une utopie inaccessible dans une société où l'individualisme s'affiche partout et au plus haut de l'Etat, où les institutions se défendent sans jamais s'interroger sur leur justice. Le mouvement des Gilets jaunes, qui va bien au-delà des ceux qui manifestent, ce mouvement comme signal d'une maladie profonde, s'il peut certes nous faire réfléchir (et c'est déjà bien), en quoi peut-il changer l'Etat et conduire le corps politique vers un régime plus sain ? On ne passe pas facilement d'un mouvement social, même s'il fait événement, à un changement de régime. Lorsque la société bouge, comme un gros animal, il arrive souvent qu'apparaisse le dompteur qui saura bien la calmer. C'est ce que pensait Platon, avec sa profondeur habituelle : les soubresauts de la démocratie ne peuvent conduire qu'à la tyrannie.

Alors, le mouvement des Gilets jaunes pourraient bien être le signe précurseur d'autre chose : comme le dernier désordre visible avant une implacable reprise en main. Sont-ils, ces gens des ronds-points, ces automobilistes au pare-brise jaune, ces manifestants du samedi, le signe avant-coureur d'un pouvoir autoritaire qui va venir resserrer les boulons et donner un tour de vis supplémentaire ? Le macronisme n'a-t-il pas déjà commencé à faire le lit à des formes nouvelles et inédites de tyrannie ? Résister au mouvement social au lieu d'entendre ce qu'il demande, fabriquer les lois et les armes de la répression, n'est-ce pas préparer le terrain pour une autre domination ? L'incompétence, en politique, ça finit toujours mal.

# EPILOGUE

Au centre de la France, en Haute-Loire, au beau milieu du mouvement des Gilets jaunes, dont nous ne connaissons encore rien du dénouement, nous avons essayé d'interpréter un signe, de réfléchir à sa signification. Au coeur des volcans du Velay, dans l'actualité brûlante d'un événement qui nous a touché de près, nous n'irons pas jusqu'à nous livrer à des pronostics, ni jusqu'à prendre parti. Il ne s'agit pas d'apporter un concours ou un soutien à qui que ce soit. Mais comment rester indifférent ? Même ceux qui n'ont pas l'habitude de prendre la parole se sont sentis le droit et le désir de le faire dans ce mouvement social singulier.

De ces cabanes émouvantes qu'on a vu s'édifier près des

ronds-points de notre territoire, l'une a été détruite par le feu le 19 janvier 2019. Un feu intentionnel. Comme d'autres, elle avait été démontée par des gendarmes sur ordre de la préfecture le 19 décembre précédent. Que restera-t-il de ce petit patrimoine de la révolte sociale quand le grand vent de l'Histoire sera passé ? Souvent, les mouvements de cette sorte, après être parus au grand jour, ont besoin de s'oublier un peu, d'incuber dans l'ombre, avant de reparaître et de porter leurs fruits. Ils ont besoin, sans doute, d'être pensés longtemps.

L'histoire de la pensée a quelquefois traversé notre petit pays éloigné des métropoles et des centres de pouvoir. Les lieux délaissés sont propices à la réflexion. Aucun événement ne peut se passer d'être médité longtemps, et toutes les études et les analyses qu'il suscite après-coup font partie de l'événement lui-même et lui confèrent son importance.

Aussi, pour finir, nous voudrions évoquer brièvement quatre grandes figures de l'histoire de la pensée qui ont vécu en Haute-Loire afin d'imaginer quel regard elles auraient pu porter sur les gilets, sur les ronds-points, sur les cabanes.

La philosophe Simone Weil, qui a enseigné au Puy une

année scolaire en 1931-1932, était très attentive à l'égard de toutes les formes de malheur. Dès lors que quelqu'un se dit malheureux, c'est qu'un besoin du corps ou un besoin de l'âme n'est pas satisfait, bien qu'il n'arrive pas souvent à le dire comme il faudrait. On en a vu, ces dernières semaines, des individus écrivant sur leur gilet jaune des grossièretés et des propos honteux ! Bien qu'on puisse en être offusqué, est-ce une raison suffisante pour ne pas entendre le malheur qui se cache derrière ces mots inadaptés ? Comment ne pas être sensible à l'incapacité de ces personnes à trouver les mots justes et recevables pour dire l'humiliation qu'ils éprouvent d'être ainsi ? C'est pourquoi Simone Weil compare ces gens à la vérité. En effet, la vérité n'a-t-elle pas besoin de quelqu'un pour la dire ? De même, ces gens en défaut de langage ont besoin, eux aussi, de quelqu'un pour les dire, pour les aider à formuler ce qu'ils éprouvent. C'est le sens de cette magnifique formule de Simone Weil, qu'elle écrit peu de temps avant de se laisser mourir de faim à Londres et dont l'actualité est évidente : “Il y a une alliance naturelle entre la vérité et le malheur, parce que l'une et l'autre sont des suppliants muets, éternellement condamnés à demeurer sans voix devant nous”[24].

24 SIMONE WEIL, *Ecrits de Londres,* p. 195

Ces suppliants, parfois muets et parfois égarés en de vains bavardages, pouvons-nous les aider à trouver leur parole ?

A partir de 1942, où il vient pour se soigner, Albert Camus séjourne plusieurs fois au Chambon-sur-Lignon. Durant l'été 1952, il entend, en ce lieu même, la conférence d'un jeune philosophe, Paul Ricoeur, sur le livre qu'il vient de faire paraître : *L'homme révolté.* La révolte des hommes, pour Camus, n'est pas une chose à craindre puisque c'est par elle que se refonde toujours une communauté de valeurs. A partir de ce livre, quel éclairage jeter sur notre actualité, avec une phrase comme celle-ci, par exemple : "la conscience vient au jour avec la révolte". Ou encore : "toute révolte invoque tacitement une valeur"[25]. Ces valeurs écloses dans la fraternité d'un mouvement social, peut-on tenter de les verbaliser ?

En 1945, après avoir été emprisonné pendant la guerre, le jeune Paul Ricoeur vient enseigner au Chambon-sur-Lignon, où il restera jusqu'en 1948. Il y reviendra ensuite de temps en temps, et, l'été 1952, il présente en public un livre qu'il vient de lire, *L'homme révolté*, sans savoir que Camus est dans la salle. Dans son oeuvre propre, Ricoeur ne cessera de faire une

25 CAMUS, *L'homme révolté*, p. 28 et 29

place centrale aux revendications pour la justice, qui s'exprime prioritairement par des dénonciations de l'injustice. Car, dit-il, "c'est d'abord à l'injustice que nous sommes sensibles (...) C'est bien sur le mode de la plainte que nous pénétrons dans le champ de l'injuste et du juste"[26]. Et cette plainte, dont nous avons entendu les longues variations ces derniers temps, comment la conduire jusqu'à l'action ?

En 1994, à Bellevue-la-Montagne où il habite depuis plusieurs années, Guy Debord met fin à ses jours. L'auteur de ce livre majeur et visionnaire qu'est *La société du spectacle* (1967) supporte le profond désespoir où le met "le règne autocratique de l'économie marchande"[27]. Après avoir décrit, dans *La société du spectacle,* "la séparation généralisée" de chacun avec les autres et avec sa propre vie, il présente, dans ses *Commentaires*, la société des années 80 comme ceci : "jamais l'opinion de ceux à qui l'on a fait croire encore, dans quelques pays, qu'ils sont restés des citoyens libres, n'a été moins autorisée à se faire connaître, chaque fois qu'il s'agit d'un choix qui affectera leur vie réelle. Jamais il n'a été permis

26 RICOEUR, *Soi-même comme un autre*, p. 231

27 DEBORD, *Commentaires sur la société du spectacle*, p.14

de leur mentir avec une si parfaite absence de conséquence"[28]. S'il est vrai, comme a cru le voir Debord, que la société du spectacle, pour nous renforcée par l'internet qu'il ne connaissait pas encore, fige l'Histoire en une sorte de présent perpétuel et superficiel qui nous est imposé avec le consumérisme, et paralyse la vie de spectateurs rivés à leurs écrans, comment faire émerger un mouvement historique qui puisse nous en sortir ?

Ce sont ces questions pendantes que nous devons tenir ouvertes et méditer encore, sachant que les réponses ne viendront pas de nous.

---

28 ID, ibid, p.38

Printed in Great Britain
by Amazon

75880053R00061